RELAÇÃO ENTRE PROJETOS ÁGEIS E **ÁREAS DE PROCESSOS**

inter
saberes

SANDRO FABIANO DA LUZ

RELAÇÃO ENTRE PROJETOS ÁGEIS E **ÁREAS DE PROCESSOS**

inter saberes

Rua Clara Vendramin, 58 :: Mossunguê
CEP 81200-170 :: Curitiba :: PR :: Brasil
Fone: (41) 2106-4170
www.intersaberes.com
editora@intersaberes.com

Conselho editorial
Dr. Ivo José Both (presidente)
Dr². Elena Godoy
Dr. Neri dos Santos
Dr. Ulf Gregor Baranow

Editora-chefe
Lindsay Azambuja

Gerente editorial
Ariadne Nunes Wenger

Assistente editorial
Daniela Viroli Pereira Pinto

Preparação de originais
Gilberto Girardello Filho

Edição de texto
Mille Foglie Soluções Editoriais
Monique Francis Fagundes Gonçalves

Capa
Iná Trigo (*design*)
CARACOLLA/Shutterstock (imagem)

Projeto gráfico
Bruno Palma e Silva

Diagramação
Rafael Ramos Zanellato

Equipe de *design*
Iná Trigo
Débora Cristina Gipiela Kochani

Iconografia
Regina Claudia Cruz Prestes

Dados Internacionais de Catalogação na Publicação (CIP)
(Câmara Brasileira do Livro, SP, Brasil)

Luz, Sandro Fabiano da
  Relação entre projetos ágeis e área de processos/Sandro Fabiano da Luz. Curitiba: InterSaberes, 2021.

  Bibliografia
  ISBN 978-65-5517-979-8

  1. Administração 2. Gerenciamento de projetos 3. Planejamento estratégico 4. Projetos – Planejamento I. Título.

21-57937 CDD-658.404

Índices para catálogo sistemático:

1. Gerenciamento de projetos: Administração 658.404

Maria Alice Ferreira – Bibliotecária – CRB-8/7964

1ª edição, 2021.

Foi feito o depósito legal.

Informamos que é de inteira responsabilidade do autor a emissão de conceitos.

Nenhuma parte desta publicação poderá ser reproduzida por qualquer meio ou forma sem a prévia autorização da Editora InterSaberes.

A violação dos direitos autorais é crime estabelecido na Lei n. 9.610/1998 e punido pelo art. 184 do Código Penal.

sumário

Apresentação 9

Capítulo 1
Importância do gerenciamento de projetos nas organizações

1.1 Fundamentos do gerenciamento de projetos 17
1.2 Prática de projetos e a cultura organizacional 22
1.3 Ciclo de vida de um projeto tradicional 30
1.4 Áreas de um projeto e o *Project Management Body of Knowledge* (PMBOK) 37
1.5 Importância do gerente de projeto e metodologias de gerenciamento 50

Capítulo 2
Gerenciamento de projetos ágeis

2.1 Fundamentos do gerenciamento de projetos ágeis 63
2.2 Origem do gerenciamento ágil e Manifesto Ágil 72
2.3 Ciclo de vida de projetos ágeis e ambiente de aplicação 79
2.4 Projetos ágeis na prática 92
2.5 Metodologias e *frameworks* para o gerenciamento de projeto ágil 101

Capítulo 3
Projetos ágeis e melhoria de processos organizacionais

3.1 Fundamentos dos processos organizacionais 117

3.2 Gerenciamento de projetos ágeis na melhoria dos processos organizacionais 133

3.3 Técnicas de projetos ágeis na prática 156

Considerações finais 177

Lista de siglas 181

Referências 183

Respostas 187

Sobre o autor 189

A Viviane e Paulo, simplesmente tudo.

apresentação

Não existe segredo para realizar um bom gerenciamento de projetos e atingir resultados satisfatórios nas organizações. Para tornar isso possível, é necessário estar atento a um grande conjunto de organizações e procedimentos que, se não forem efetivados adequadamente, comprometerão o resultado pretendido pelo projeto.

Contudo, apesar de esta não ser uma ação difícil, trata-se de uma atividade complexa, composta de gerenciamentos, limitações, ações externas e premissas que precisam ser levadas em consideração.

Grande parte da popularidade e da atenção conferida ao gerenciamento de projetos nas últimas décadas está ligada à capacidade de organização e atuação em cenários complexos, levando em conta vários pontos que não podem ser relativizados. Tal atividade deixou de ser considerada uma ferramenta aplicada somente à área de engenharia e ganhou outros mercados, como tecnologia de informação e agronegócio.

Isso, deve estar claro, não se deu por acaso; em verdade, trata-se de uma consequência de esforços manifestados em diversos artigos, livros e aprimoramentos, bem como da comprovação de sua eficácia. O conjunto de estudos e práticas na área promoveu um aprofundamento sobre diversas ferramentas e técnicas que podem ser aplicadas em diferentes ambientes. Nesse sentido, o gerenciamento de projetos está intimamente ligado ao ambiente em que é operado e com o resultado almejado.

Projetos de engenharia apresentam um grande rol de especificidades que não são totalmente aderentes à área de tecnologia de informação, por exemplo. Por isso, a literatura de projetos também vem incorporando novos conhecimentos na aplicação de técnicas em cada área de atuação. Os processos organizacionais, por exemplo, representam um promissor campo de atuação e diálogo muito eficaz em relação ao gerenciamento de projetos. Afinal, a área de processos está ligada aos conceitos de melhoria, potencialização de resultado, administração de toda a organização e, por conseguinte, à intenção de reduzir custos para a instituição. Todos esses pontos são justificativas plausíveis para a criação de um projeto.

O ato de gerenciar projetos requer sensibilidade para compreender seu campo de aplicação. Assim, à área de processos cabe potencializar suas entregas, modernizar os procedimentos e promover a criação de um setor de processos, quando não existente. As organizações demandam diversos projetos para a área de processo; daí a importância de a literatura contemplar essa temática.

Sob essa ótica, também é necessário entender quais práticas de projetos podem ser efetivamente aplicadas na área de processos organizacionais. Existem diversas práticas já consolidadas no mundo, e outras sendo constantemente desenvolvidas. O universo de práticas ágeis congrega um grande número de ferramentas atuais, as quais podem conferir à área de processos mais dinamicidade e potencialização na aplicação de projetos. A aproximação entre o gerenciamento aplicado de projetos ágeis e a área de melhoria de processos é recente, e tem demonstrado grande potencial de ganho para ambas as partes.

Outra justificativa importante para a elaboração deste livro reside no fato de que, embora haja um considerável arcabouço de estudos sobre a área de projetos ágeis, a literatura carece de investigações sobre as ferramentas com indicação prática de como utilizá-los. Assim, esta obra foi construída de forma a organizar ferramentas e técnicas de modo prático. A intenção é que você, leitor, além de aprofundar seus conhecimentos sobre projetos, possa aplicar com relativa facilidade as técnicas abordadas.

Contudo, este livro não pretende disponibilizar uma metodologia para gerenciamento de projetos, mas oferecer uma seleção de várias práticas que podem ser aplicadas à maioria dos projetos ágeis no ambiente organizacional. Esse tipo de ferramental é importante porque existem muitas metodologias ágeis de fácil utilização, mas que ainda podem passar por algum tipo de otimização mediante práticas simples, porém efetivas no ambiente de projetos ágeis.

Em outras palavras, por priorizarmos o caráter prático dos objetos de análise, alguns questionamentos importantes nortearam a composição desta obra. O entendimento de quais técnicas e práticas são comprovadamente eficazes no gerenciamento de projetos ágeis foi fundamental. Também foi importante reconhecer quais são os anseios efetivos na área de processos organizacionais e como efetivar uma indicação de melhoria em toda essa área.

Assim, a aplicação prática foi considerada a base para alcançarmos os objetivos desta obra. Nesse escasso universo literário de gerenciamento de projetos aplicado à área de processos organizacionais, pretendemos levar informações práticas e de comprovado êxito na sua introdução às organizações dos mais diversos setores.

Apesar dessa especificidade, esta obra se dirige a diferentes perfis de leitor. Os profissionais ligados à área de projetos costumam apresentar interesse nesse tipo de estudo, pois é de grande valia para o entendimento de como a aplicação prática de projetos no universo organizacional pode acontecer. Aos profissionais da área de processos, este material pode ser útil porque o conteúdo aqui exposto faz uma aproximação importante de ferramentas que podem ser aplicadas em empresas dos mais diferentes setores. A área de processos pode se valer de técnicas e práticas oriundas da área de projetos para conseguir otimizar seus resultados, por exemplo.

Neste material, não pretendemos apresentar uma metodologia com um passo a passo de como efetivar um gerenciamento ágil de projetos. Nosso propósito é demonstrar alguns aspectos que podem ser efetivamente aplicados no gerenciamento de projetos em uma organização. Em determinados cenários, pode haver a necessidade de articular diferentes técnicas de gerenciamento de projetos, aplicando-as em conjunto. Logicamente, nos contextos reais não será preciso aplicar todo o conteúdo desta obra em todos os projetos de melhoria de processos nas organizações.

Em contrapartida, é nosso intuito indicar possibilidades bastante positivas que, se postas em prática, potencializarão o resultado alcançado. Nesse sentido, advertimos que não existe uma técnica correta ou errada no universo de projetos. Este livro não tem a intenção de apresentar o que deve ser realizado e o que é inviável, mas estabelecer a união de diferentes possibilidades avaliando-se a pertinência nos contextos da empresas.

Quanto a sua estrutura, este livro foi dividido em três grandes capítulos que também centralizam o campo de estudo, a linha de entendimento sobre projetos e sua aproximação com processos organizacionais. Ao final de cada capítulo, disponibilizamos uma seção de de revisão. Nesta parte, oferecemos um resumo dos principais tópicos abordados, bem como a seleção de algumas perguntas e respostas, a fim de solidificar as ideias dispostas.

No Capítulo 1, tratamos de aspectos gerais sobre projetos. Explicitamos a relevância dos projetos nas organizações, bem como sua composição. Ainda, analisamos o projeto pelo prisma de seu ciclo de vida e por meio de sua organização em áreas de gerenciamento. Para isso, o entendimento sobre áreas de risco, qualidade, comunicação e escopo, entre outras, deverá ser considerado. Ainda, avaliaremos a importância da existência de uma instituição que centralize informações e atualizações sobre o gerenciamento de projetos, bem como a função relevante do gerente de projetos que atue dentro das organizações.

No Capítulo 2, focaremos o gerenciamento de projetos ágeis. Como o gerenciamento ágil de projeto é uma continuidade do gerenciamento de projetos tradicionais, é necessário compreender o gerenciamento de projetos, para, então, adotar técnicas e práticas ágeis. Em acréscimo, apresentaremos o Manifesto Ágil e seus desdobramentos, práticas ágeis como o Scrum e o entendimento de como os projetos ágeis devem acontecer.

Por fim, no Capítulo 3, faremos algumas aproximações entre o gerenciamento de projetos ágeis e a área de processos. Para tanto, discutiremos o papel e a importância da gestão de processos nas organizações, bem como seus impactos e benefícios. Exemplos práticos serão fornecidos ao longo de todo o livro, principalmente neste capítulo final, no qual demonstraremos como o gerenciamento ágil pode facilitar a melhoria de processos em uma empresa.

Boa leitura!

Importância do gerenciamento de projetos nas organizações

A compreensão sobre o sucesso de um projeto realizado em uma instituição requer uma criteriosa análise do ambiente, aliada ao cumprimento de determinadas etapas organizadas nas diversas áreas do conhecimento que compõem o gerenciamento do projeto. Assim, independentemente do tipo de gerenciamento do projeto, para auxiliar nessas ações e facilitar o planejamento, é necessário estar atento à área do projeto que se preocupa com o cronograma, assim como com o escopo, a qualidade e os custos envolvidos, entre outros aspectos.

Um projeto tende a envolver diferentes áreas que, juntas, mostram como o trabalho coordenado está sendo realizado. Assim, neste primeiro capítulo explicitaremos que as diferentes áreas interagem e previsa haver coordenação de ações.

Entendemos que isso é importante porque, para aprofundar o entendimento sobre projetos, é necessário ter clareza sobre as interações entre as áreas envolvidas.

O próprio conceito de projetos é atravessado por premissas que baseiam seu desenvolvimento nas organizações, indicando como devem ser observados e gerenciados. Nesse sentido, vale aprofundar o olhar sobre a questão conceitual de projetos, bem como a respeito de sua composição.

capítulo 1

1.1 Fundamentos do gerenciamento de projetos

A temática de projetos vem sendo objeto de novos estudos, campos de atuação e pensadores ano após ano. Isso se deve ao fato de sua comprovada eficiência ser percebida em diferentes organizações. Projetos podem ser implementados em empresas públicas ou privadas, em organizações não governamentais (ONGs). Igualmente, governos podem empregá-los a fim de otimizar resultados e levar bem-estar social à população em geral.

Os projetos estão longe de ser um modismo gerencial. Em verdade, trata-se de um pilar de inovação e melhoria de processos organizacionais, podendo ser aplicados nas mais diversas áreas de atuação humana.

As civilizações recorrem a essa estratégia há milênios. Prova disso são as construções de grandes obras empreendidas por povos da Antiguidade, por exemplo. A Muralha da China ilustra o recurso de projeto. Contudo, da segunda metade do século XX até os dias de hoje, os projetos têm ganhado relevo em outros campos além da construção civil.

A exploração espacial, a realização de um grande evento ou até mesmo a criação de uma marca de um produto são resultado da aplicação de técnicas afinadas e metodologias de projeto que visam bons resultados.

A seguir, listamos os tipos de projeto que podem ser realizados por pessoas ou organizações:

- criação de uma planta industrial;
- construção de uma casa;
- criação de uma usina hidrelétrica;
- lançamento de um novo produto;
- criação de um evento esportivo;
- exploração de áreas não mapeadas do oceano ou de uma floresta;
- criação uma linha de montagem em uma empresa;
- realização de um casamento;
- criação de um novo software.

Esse rol de exemplos demonstra que os projetos têm aplicabilidade nas áreas de construção civil, engenharia naval, engenharia de computação, estratégia militar, administração de empresas, tecnologia de informação, além das áreas financeira e de *marketing*, entre outras. Entretanto, independentemente da área de atuação em que as pessoas ou organizações estejam inseridas, o conhecimento sobre técnicas de projetos pode ser de grande valia no cotexto atual.

O crescimento da utilização de projetos coincide com o aumento de concessão do título de *Project Management Professional* (PMP), que, em português, pode ser entendido como "profissional de gerenciamento de projetos", título concedido pelo Project Management Institute (PMI), considerado o maior instituto de pesquisa sobre gerenciamento de projetos no mundo.

Na sequência, no Gráfico 1.1, observe o número de títulos PMP ativos obtidos por profissionais de todo o mundo, nas mais diversas áreas de atuação:

Gráfico 1.1 – Certificados PMPs ativos no mundo

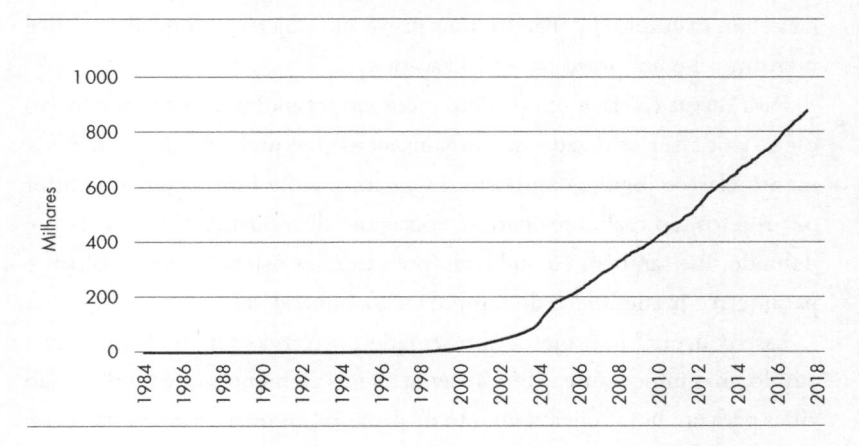

Fonte: PMI, 2019, p. 74.

Antes de seguirmos com nossa explanação, cabe estabelecermos o conceito de projetos, bem como sua aplicabilidade no mercado. Sobre isso, o guia Project Management Body of Knowledge (PMBOK) (PMI, 2017a, p. 4) apresenta uma sintética definição de projeto: "um esforço temporário empreendido para criar um produto, serviço ou resultado único". A junção destes dois elementos – o "esforço temporário" e o "resultado único" – constitui uma peça-chave para entender como os projetos podem auxiliar as organizações. Assim, para ser considerado projeto, um trabalho coordenado precisa ter atenção à questão temporal e contar com a mensuração do resultado único.

No que tange à **temporariedade**, um projeto precisa ser finito. Logo, deve-se prever uma data final para que seja concluído. Caso não exista essa definição, muito provavelmente o que estará em curso será um processo, e não um projeto. Em um projeto, é imperioso definir um final, mesmo que seja de longo prazo (lembremos que a criação das pirâmides do Egito, por exemplo, certamente não foi concluída em dois dias).

Com relação ao **resultado único**, um projeto precisa, quando de seu término, entregar um produto ou serviço. Esse resultado não tem de necessariamente ser tangível como um prédio ou um *software*; pode ser um serviço ou produto intangível, como uma marca.

O resultado pode, ainda, ser levar o homem à Lua. A exploração espacial é um exemplo de projeto, pois prevê um objetivo ou resultado final mensurável e um prazo para realização.

Para Vargas (2018), um projeto é um empreendimento não repetitivo e que pode ser realizado nas organizações por meio de um sequenciamento claro e lógico, composto de início, meio e fim. Segundo o autor, os projetos são realizados para se conseguir alcançar um objetivo claro e definido. Ele também é conduzido por recursos estabelecidos conforme parâmetros predefinidos de tempo, custo e qualidade.

Esse conceito de projetos apresentado por Vargas (2018) é um pouco amplo, mas importante. Ele apresenta alguns elementos que também são vitais para um bom funcionamento de projetos, os quais devem estar coordenados para que os trabalhos sejam concluídos com sucesso. É preciso dar especial atenção a questões de custo, qualidade e recursos, pois estas são determinantes no sucesso com a experiência em projetos.

Tal conceito está atrelado à ideia de trabalho estruturado, com fim determinado e organizado por recursos finitos. Nesse sentido, o termo *recursos* abrange os recursos humanos, tecnológicos, financeiros, entre vários outros que integram um projeto, os quais são organizados em sincronia para a entrega de certo resultado em um tempo previsto.

Em síntese, **um projeto é um trabalho estruturado, com fim determinado e organizado por recursos finitos**.

Deve estar claro que *projeto* é tudo aquilo que não é processo nas empresas. Um exemplo de processo ou rotina é a atividade de uma telefonista atendendo um telefone ou a de um contador emitindo uma guia de impostos para o pagamento de um cliente. Tais atividades fazem parte do dia a dia desses profissionais, que as cumprirão enquanto a empresa estiver operando ou enquanto estiverem a serviço dessa organização.

Já as situações em que um colaborador precisa preparar materiais para um evento de Semana Interna de Prevenção de Acidentes do Trabalho (Sipat) ou apresentar em uma reunião um novo sistema a ser implementado em um cliente são exemplos de atividades relacionadas a projetos.

O grande problema é que é comum o mesmo colaborador realizar atividades relacionadas a projetos e a processos organizacionais todos os dias. Isso pode gerar alguma confusão sobre o que é um projeto e o que é um processo da função específica desse profissional. No rol de atividades diárias de um colaborador, podem ser relacionadas a projeto as atividades que têm um prazo definido e entrega única, ou seja, um produto ou serviço singular.

Na proposta conceitual de Batchelor (2013), diferencia-se projeto de tarefa. Assim, uma tarefa consiste em uma reprodução simplificada de uma atividade; já um projeto é composto de um conjunto de tarefas que visa a um resultado planejado. Em uma visão simplista, pode haver a associação de uma simples tarefa com um projeto; daí a importância da realização de um planejamento ou de uma estruturação de atividades. Percebe-se, então, a complexidade que envolve o projeto em contraposição à simplicidade que está associada a uma tarefa. Contudo, a intenção não é relativizar a importância das tarefas, mas elucidar a complexidade da criação de um conceito para o termo *projetos*.

Nas instituições, são vários os fatores que motivam a criação de um projeto, sobretudo no atual cenário globalizado. Uma empresa pode precisar modernizar seus produtos ou serviços em busca de um diferencial de mercado e, para isso, criar um projeto. Logo, um projeto pode ter origem em uma necessidade de mercado – realidade muito presente nos ambientes concorrenciais.

Para as instituições com interações de tecnologias e sistemas integrados, um projeto pode ser motivado pela necessidade de uma atualização tecnológica em um sistema ou, ainda, pela criação de uma funcionalidade. Nesse tipo de cenário, tudo o que caracteriza um projeto está presente, pois os recursos são limitados, o prazo é estipulado e o produto ou serviço final é identificado.

Todavia, um projeto pode visar à alteração de requisitos legais que impactam as empresas e, consequentemente, demandam adequações em alguns âmbitos organizacionais. Também é comum se valer de projetos para sanar necessidades sociais encontradas nas cidades.

Nesse sentido, ONGs realizam projetos com frequência; alguns exemplos são a criação de uma biblioteca em uma escola carente, uma campanha para arrecadar alimentos, ou a construção de casas para famílias carentes. Em todos esses contextos, a utilização de projetos é necessária, pois constam todos os elementos já referidos.

Nesse sentido, os projetos são importantes para todas as instituições, porque têm o potencial de gerar bem-estar social aos envolvidos, incrementar inovações para as empresas e realizar adequações necessárias. Por serem úteis em diversos ambientes, é fundamental compreender as ferramentas capazes de otimizar a experiência com projetos.

Na perspectiva das empresas, um projeto pode ser concebido com o intuito de produzir uma melhoria nos processos internos. Dentro das instituições, pode-se fazer necessária a criação de diferentes projetos que auxiliem na dinamicidade, fluidez e assertividade dos processos organizacionais.

Dessa forma, a completa instrução de técnicas específicas de projetos, aliada a um ferramental ágil, torna-se extremamente relevante na atualidade. Tais técnicas devem ser parte de metodologias comprovadamente eficazes na área de projetos. Sob essa ótica, no mercado global, têm sido desenvolvidos técnicas, *softwares*, ferramentas e metodologias, gerando um grande arcabouço que orienta a decisão atinente a seu uso em determinado cenário.

1.2 Prática de projetos e a cultura organizacional

A utilização de projetos em cada instituição é muito particular. Nesse sentido, não existe uma forma correta de planejar e monitorar um projeto aderente para qualquer empresa. Cada organização, ou mesmo cada projeto, apresenta particularidades. Contudo, é possível perceber que a atuação em projetos está associada à maturidade da empresa no que se refere ao emprego desse tipo de ferramenta, bem como a sua estrutura organizacional (forma como os colaboradores estão organizados na instituição). Tal observação não apenas elucida o desenho do organograma da empresa, mas também esclarece qual é o fluxo de informação e o poder de cada organização. Esse tipo de estudo das organizações e de como elas influenciam os projetos é importante, já que evidencia como estes podem ser realizados em cada uma das diferentes estruturas existentes no mercado.

As organizações apresentam uma estrutura própria, a qual pode impactar os projetos e configurar certos limites em diversas dimensões, desde as fases iniciais até depois de sua conclusão. As restrições observadas podem ter reflexos nas áreas de custo, cronograma, recursos, e até mesmo no escopo do projeto. As considerações relacionadas à estrutura organizacional dizem respeito não somente ao cenário político ou ao gerenciamento dos recursos escassos da empresa, mas também ao fluxo da informação. Sobre essa temática o guia PMBOK (PMI, 2017a, p. 42) indica que:

> *Projetos operam dentro das restrições impostas pela organização por meio de sua estrutura de governança. Para operar de forma eficaz e eficiente, o gerente de projeto precisa entender onde a responsabilidade, a prestação de contas e autoridade reside na organização. Este entendimento ajuda o gerente de projetos a usar com eficácia o seu poder, influência, competência, liderança e capacidades políticas para concluir com sucesso o projeto.*

A criação de um sistema único que integra diversos fatores em uma organização pode impactar um projeto de forma determinante. Esse sistema apresenta o fluxo na tomada de decisão, a influência dentro da empresa, os interesses individuais, e as competências políticas do grupo de colaboradores que estão aptos a agir nesse sistema. A interação de todos esses fatores dentro das organizações inclui, aliada aos elementos de gerenciamento do projeto, a estrutura de governança em conjunto com os diversos tipos de estrutura organizacional.

A depender da estrutura, é possível evidenciar o nível de poder que o gerente de projeto possui dentro da organização e no projeto em si, bem como o grau de maturidade referente aos projetos da instituição. Alertamos que não existe uma estrutura correta entre as diversas formas de gerenciar uma empresa. Contudo, há um sistema que opera dentro da organização e que impacta os projetos desenvolvidos segundo essa realidade.

A seguir, apresentamos no Quadro 1.1 as principais estruturas organizacionais e suas características.

Quadro 1.1 – Estruturas organizacionais

Tipos de estrutura organizacional	Grupos de trabalho organizados por	Autoridade do gerente do projeto	Papel do gerente do projeto	Disponibilidade de recursos	Quem gerencia o orçamento do projeto?	Pessoal administrativo de gerenciamento de projetos
Orgânico ou simples	Flexível; pessoas trabalhando lado a lado	Pouca ou nenhuma	Em tempo parcial; pode ou não ser um papel designado, como coordenador	Pouca ou nenhuma	Proprietário ou operador	Pouco ou nenhum
Funcional (centralizado)	Trabalho realizado (ex.: engenharia, fabricação)	Pouca ou nenhuma	Em tempo parcial; pode ou não ser um papel designado, como coordenador	Pouca ou nenhuma	Gerente funcional	Em tempo parcial
Multidivisional (pode replicar funções para cada divisão com pouca centralização)	Um de: produto; processos de produção; portfólio; programa; região geográfica; tipo de cliente	Pouca ou nenhuma	Em tempo parcial; pode ou não ser um papel designado, como coordenador	Pouca ou nenhuma	Gerente funcional	Em tempo parcial
Matriz – forte	Por função, com gerente do projeto como uma função	Moderada a alta	Função designada em tempo integral	Moderada a alta	Gerente do projeto	*Full-time*
Matriz – fraca	Função	Baixa	Em tempo parcial; feito como parte de outro trabalho e não uma função designada, como coordenador	Baixa	Gerente funcional	Em tempo parcial

(continua)

(Quadro 1.1 – conclusão)

Tipos de estrutura organizacional	Grupos de trabalho organizados por	Autoridade do gerente do projeto	Papel do gerente do projeto	Disponibilidade de recursos	Quem gerencia o orçamento do projeto?	Pessoal administrativo de gerenciamento de projetos
Matriz – equilibrada	Função	Baixa a moderada	Em tempo parcial; incorporado nas funções como uma habilidade e pode não ser um papel designado, como coordenador	Baixa a moderada	Misto	Em tempo parcial
Orientado a projetos (composto, híbrido	Projeto	Alta a quase total	Função designada em tempo integral	Alta a quase total	Gerente do projeto	Em tempo integral
Virtual	Estrutura de rede com nós nos pontos de contato com outras pessoas	Baixa a moderada	Em tempo integral ou parcial	Baixa a moderada	Misto	Poderia ser em tempo integral ou parcial
Híbrido	Mix de outros tipos	Mista	Misto	Mista	Misto	Misto
EGP	Mix de outros tipos	Alta a quase total	Função designada em tempo integral	Alta a quase total	Gerente do projeto	Em tempo integral

Fonte: PMI, 2017a, p. 47.

No quadro, estão indicados os exemplos mais recorrentemente observados nas empresas. Podem, no entanto, existir outras estruturas ou, ainda, a combinação de alguns desses exemplos. No mercado brasileiro, grande parte das organizações pode ser enquadrada nos modelos citados, mas também há aquelas que operam no modelo multidivisional, orgânico, virtual ou híbrido.

A intenção de apresentar todas essas possibilidades é evidenciar que as estruturas indicam como um projeto pode ser realizado em cada organização. Tais estruturas revelam o nível de maturidade organizacional da empresa no que concerne à ferramenta de projetos, bem como ao fluxo de informações entre os colaboradores. A respeito do impacto da estrutura nos projetos, é possível afirmar que, quanto maior forem a relevância e a especialização dos projetos, maior será a autonomia do gerente de projetos (PMI, 2017a).

Enfatiza-se aí a cultura organizacional, que determina as características da empresa e dos projetos. Em uma instituição na qual existe uma cultura de penalização do erro, pouca comunicação interna e parca organização administrativa, os projetos tendem a se enquadrar na mesma cultura e apresentar as mesmas características.

Nesse tipo de organização, é baixa a possibilidade de sucesso dos projetos de inovação; afinal, a inovação se associa às noções de tentativa e erro. Assim, via de regra, uma organização com as características citadas tende a reproduzir projetos já conhecidos e com resultados esperados.

Está claro, então, que um projeto tende a assumir a cultura e as características da organização em que é implementado. Isso acontece porque um projeto não se desenrola apartado do contexto de aplicação; ele se efetiva em uma organização que possui características, fluxos e culturas.

Nessa perspectiva, os projetos necessitam de constante interação entre todas as áreas para seu completo gerenciamento. Todavia, em um horizonte maior, a estrutura organizacional interfere nas decisões diárias relativas ao projeto. Considerando todo esse mecanismo, há atores envolvidos direta e indiretamente com os resultados do projeto.

Na linguagem utilizada comumente na literatura de projetos, o termo que designa os interessados no projeto é *stakeholder*. De forma geral, essa palavra identifica os envolvidos com o produto ou com o gerenciamento do projeto e que são impactados por este, de forma direta ou indireta (Dinsmore; Silveira Neto, 2010).

O gerenciamento dos *stakeholders* é fator determinante para o sucesso do projeto. Há interessados positivos e negativos. Um exemplo do primeiro tipo é o fornecedor de um insumo indispensável para o projeto. No segundo tipo, enquadra-se o fornecedor antigo que, por ocasião da conclusão de um projeto, não servirá mais à organização. Ambos os tipos de interessados devem ser identificados e monitorados por todo o ciclo de vida do projeto.

O gerenciamento das partes interessadas também precisa observar a equipe interna destinada aos trabalhos, bem como os fornecedores, a diretoria, potenciais clientes, possíveis concorrentes, entre outros. Relativizar esse grupo de atores tende a reduzir as chances de sucesso. Vale salientar que o governo também é um interessado, pois sua atuação na inclusão de leis e diretrizes pode comprometer ou facilitar consideravelmente o desenvolvimento do projeto. Assim, monitorar esse ator é fundamental.

Um problema frequente é a priorização de atividades da equipe alocada no projeto, o qual reflete a estrutura organizacional e a tomada de decisão das partes.

Nesse sentido, temos de clarificar o que é *taxonomia de projeto*. Segundo Gasnier (2012), essa expressão designa a ciência que faz a classificação ou a sistematização dos projetos nas instituições. A taxonomia de projetos tem como propósito melhorar a comunicação entre os envolvidos, facilitando, assim, o progresso das atividades e, consequentemente, o desempenho.

De acordo com Gasnier (2012), uma classificação de diferentes projetos contribui para a identificação daquele que é o mais complexo ou daquele que apresenta custos mais elevados ou prazos mais curtos. Tais informações permitem detectar o projeto mais pertinente para o planejamento estratégico da instituição, facilitando a tomada de decisão. Em suma, essa classificação mostra qual projeto é prioritário em comparação a outros desenvolvidos na empresa.

Um projeto não é planejado e gerenciado de forma isolada dentro de uma empresa. Pelo contrário, ele deve estar em consonância com o planejamento estratégico da instituição. Em uma perspectiva mais ampla, todas as ações propostas na organização precisam estar alinhadas a esse planejamento estratégico maior (Vargas, 2018). Eis aí a relevância de uma taxonomia de projeto: ela viabiliza uma visualização rápida e facilitada sobre o projeto prioritário considerando-se um rol de classificações.

Não existe uma classificação padrão que os projetos devam seguir; afinal, cada instituição têm suas peculiaridades.

Cada instituição deve criar sua "régua de medida de projetos", ou seja, uma classificação que leve em conta a duração do projeto, a tecnologia utilizada, o nível de conhecimento da equipe, o custo e o tempo. Todas essas informações indicam qual deve sr o projeto prioritário.

Vale salientar que informações subjetivas sobre o projeto também devem ser levadas em consideração nessa classificação. É importante identificar o que pode gerar o impacto esperado, além de verificar como o planejamento estratégico se articulará com o projeto. Assim, de posse de todas essas informações, pode-se calcular um índice e, com ele, comparar os projetos da instituição. Com isso, pode-se publicizar a prioridade detectada.

No Quadro 1.2, apresentamos uma taxonomia de projetos simples que pode ser utilizada pelas instituições.

Quadro 1.2 – Classificação de projetos

	3 pontos	**2 pontos**	**1 ponto**
Urgência	Alta	Moderada	Rotina
Faturamento	Maior que 500	De 50 a 500	Menor que 50
Tecnologia	Tecnologia de ponta	Tecnologia chave	Tecnologia básica
Pesquisa e desenvolvimento	Fundamental	Radical	Incremental

(continua)

(Quadro 1.2 – conclusão)

	3 pontos	2 pontos	1 ponto
Impacto organizacional	Grande	Moderado	Pequeno
Recursos humanos	Acrescenta competências	Treinamento de habilidades	Treinamento operacional
Posição competitiva	Liderança inovativa	Expansão de linha	Atualização

Fonte: Gasnier, 2012, p. 16.

As linhas do quadro apresentam considerações sobre uma possibilidade de análise do projeto, que pode ser sobre custo, cronograma, complexidade, entre outros aspectos. Já nas colunas são inseridas informações que quantificam o projeto de forma direta em cada âmbito. A cada resposta é atribuído um peso; ao final, a soma das respostas revela um denominador que pode servir como classificação entre todos os projetos da instituição. Os pesos de cada resposta estão na primeira linha.

Todas as informações devem ser inseridas de forma consciente. Assim, cada alocação de resposta recebe um número que está inserido nas colunas do quadro. Depois de todas as características do projeto serem identificadas, chega-se a um cociente que, numericamente, qualifica o projeto. Após fazer a classificação de todos os projetos da empresa, pode-se, então, comparar de forma clara a importância de cada um. No exemplo do Quadro 1.2, quanto maior é o número, mais importante é o projeto para a instituição.

Assim, pode-se mensurar o projeto para, na sequência, visualizar o que está se desenvolvendo como produto ou serviço. Um dos enganos observados no planejamento e na execução de um projeto é a ênfase dada ao resultado em detrimento ao que ele pode mudar na organização. É aconselhável mensurar o projeto para que seja possível, então, quantificar de forma mais clara o que ele criará.

1.3 Ciclo de vida de um projeto tradicional

Associado à classificação que facilita a tomada de decisão, está o aprofundamento das técnicas e dos conceitos específicos dos projetos. Todas as medidas devem ser avaliadas e monitoradas constantemente, a fim de se ter clareza o projeto em si, bem como o conjunto de projetos desenvolvidos nas empresas.

Um dos conceitos importantes e que precisa ser aprofundado nas organizações é o **ciclo de vida de um projeto**, que está associado à linha do tempo do projeto e evidencia informações referentes à evolução dos pacotes de trabalho e às atividades desenvolvidas no dia a dia. A identificação do ciclo de vida é importante porque evidencia em qual etapa o projeto se encontra (Camargo, 2018).

O ciclo de vida de um projeto nada mais é do que a análise das diversas fases que devem ser cumpridas. De forma geral, os projetos se dividem em quatro grandes momentos: (1) início; (2) organização; (3) execução; e (4) encerramento. O sequenciamento dessas fases pode até parecer óbvio, mas o que se visualiza na prática é que a tomada de decisão no ambiente de projeto não leva em conta essa simples identificação (Vargas, 2018).

Vários erros podem ser evidenciados na incorreta identificação dessas fases. Isso se faz notar, por exemplo, quando um membro faz a análise de escopo no encerramento do projeto, ou quando se faz uma profunda análise de custo em um momento em que não se definiu o escopo. A análise aprofundada de custo e de escopo deve ser realizada ao longo de todo o projeto, mas deve ser priorizada em momentos em que seja possível obter maior benefício com menor esforço.

É comum envolvidos em projetos empreenderem grande esforço em uma análise aprofundada de custo sem contar com o escopo do projeto ou quando este está em suas fases embrionárias. Assim, a atenção às fases, bem como às ações que devem ser realizadas ao longo de cada uma delas, é fator determinante para o sucesso na experiência com projetos.

O conjunto das fases de um projeto evidencia seu ciclo de vida. A observância da fase em que o projeto se encontra pode auxiliar na detecção de ações que devem ser desenvolvidas.

Observe a seguir, no Gráfico 1.2, um exemplo de ciclo de vida de um projeto.

Gráfico 1.2 – Ciclo de vida de um projeto

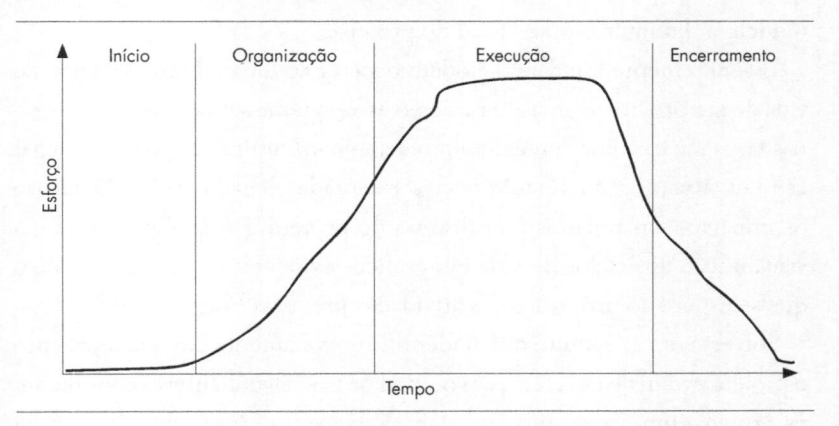

Fonte: Elaborado com base em PMI, 2017a, p. 555.

Na **fase início**, espera-se que as informações estejam no campo de discussões e aprofundamentos, constituindo o termo de abertura e o levantamento de dados que subsidiará a etapa seguinte.

Na **fase organização**, são reunidas informações sobre o planejamento do projeto. Assim, nesse momento, definem-se os detalhes de cada área referentes, por exemplo, a escopo, tempo, custo e qualidade. O objetivo é facilitar a fase seguinte (PMI, 2017a).

A **fase execução** corresponde ao momento em que se concentra o maior esforço do projeto, onde todos os recursos identificados no planejamento serão organizados para se produzir o que foi inicialmente idealizado. Na sequência, na **fase encerramento**, concluem-se todos os esforços relativos ao projeto.

Apesar de suas especificidades, de modo geral, os projetos apresentam gráfico semelhante. Mas em algumas situações, a fase de organização pode abreviada, em virtude do profundo conhecimento e da experiência da equipe em projetos semelhantes. O mesmo pode ocorrer na fase de execução, quando a equipe tem forte experiência e grande convívio. Condições assim tendem a diminuir o prazo total do projeto.

Evidentemente, mudanças podem ocorrer ao longo de todo o ciclo de vida de um projeto, e uma alteração no escopo pode ser necessária, mesmo nas fases iniciais, por conta de um rearranjo estrutural ou por força legal. Em tais situações, a alteração deve ser adotada plenamente, avaliando-se os impactos em todas as outras áreas do projeto. De qualquer modo, a visualização dos ciclos de vida em gráficos evidencia em grande escala o que se espera do progresso das atividades previstas (Vargas, 2018).

Sob essa ótica, é muito difícil identificar exatamente em que momento o projeto evolui de uma fase para outra. Por isso, alguns autores consideram os projetos um organismo vivo dentro da instituição. O que se percebe é que os projetos possuem certa sincronia em relação ao ciclo de vida, sendo importante detectar a etapa em curso para se esperar determinado comportamento dentro da instituição.

O entendimento de todas as fases que compreendem um projeto auxilia no controle de recursos alocados. Logo, a mensuração da alocação de recursos físicos, tecnológicos ou financeiros é amparada pela análise do ciclo de vida. De posse dessa informação, o gestor tem condições de otimizar decisões que podem impactar positivamente no projeto.

Em acréscimo, esse tipo de visualização torna perceptível o histórico do projeto e a intensidade de esforços necessários para se encaminhar para sua conclusão. Portanto, a análise do ciclo de vida é uma importante aliada no planejamento, pois revela oportunidades de otimização das ações alocadas no projeto.

Com relação às mudanças que geram impactos, a análise do ciclo de vida é extremamente importante. Isso porque, quanto antes uma possibilidade de alteração for identificada, mais barata e rápida para o projeto será sua implementação. Também é verdadeiro que, quanto mais tarde uma alteração for evidenciada, mais cara e complexa será sua aplicação. Em virtude disso, o monitoramento constante do ciclo de vida se faz tão necessário, uma vez que evidencia em que momento o projeto está alocado e elucida o impacto da tomada de decisão (Vargas, 2018).

De modo bem simples, o ciclo de vida do projeto aponta com clareza o que este já conseguiu realizar e o que ainda precisa ser concluído. Tal análise também indica o nível de incerteza com relação ao projeto. Quanto mais evoluem os trabalhos, menor é o nível de incerteza.

Também é importante mencionar que a linha que apresenta o ciclo de vida de um projeto é composta por processos. A análise dos processos que compõem um projeto sugere como os trabalhos devem ser realizados.

Para a análise desses processos, seu conceito deve estar bem estabelecido. Dessa forma, os processos que compõem um projeto podem ser divididos em: (1) inicialização; (2) planejamento; (3) execução; (4) monitoramento e controle; e (5) encerramento (Figura 1.1). Cada um deles aponta os trabalhos que devem ser realizados na etapa em curso (PMI, 2017a).

Independentemente de tamanho, custo, prazo ou nível de qualidade, todos os projetos apresentam os mesmos processos. Eis aí a razão de se analisar o que cada processo representa e seus impactos no projeto. Em projetos com grandes valores alocados ou grande número de envolvidos interessados, a visualização dos processos é determinante para o entendimento de qual tipo de atividade se espera (Vargas, 2018).

Figura 1.1 – Processos de gerenciamento de projetos

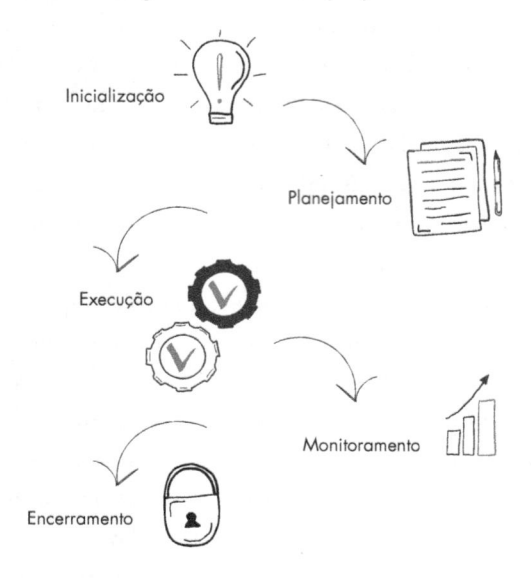

- Inicialização
- Planejamento
- Execução
- Monitoramento
- Encerramento

Gulman/Shutterstock

Assim como o ciclo de vida, os processos relacionados a um projeto são independentes, embora haja entre eles um caráter sequencial. Também é difícil saber exatamente quando um projeto evolui do processo de inicialização para o de planejamento, por exemplo. No entanto, a atenção geral aliada à noção do momento em que o projeto se encontra facilita os trabalhos dentro das instituições.

Para começar, é imprescindível saber em que constituem esses cinco processos, bem como qual é a sua importância para um projeto. O grupo de processo **inicialização** diz repeito às atividades iniciais do projeto. Nessa etapa, as informações do projeto estão sujeitas a validação. De qualquer modo, nessas fases embrionárias, é essencial ter a autorização para o início do projeto, além de identificar todos os envolvidos inicialmente.

Ainda nessa fase do projeto, são úteis os estudos de viabilidade financeira, assim como o desenvolvimento de um *business case* – documento que centraliza as informações principais na fase de pré-projeto. A fim de otimizar as atividades, nos momentos iniciais é importante eleger um gerente de projeto, que ficará responsável pelo andamento das atividades. Essa função é importante para a coordenação das atividades e precisa ser identificada o mais cedo possível (PMI, 2017a).

Na sequência, há o grupo de processos **planejamento**. Nesse momento, são selecionadas ações que auxiliarão no refinamento dos esforços para se atingir os objetivos. Ainda nessa etapa, espera-se que todas as informações relativas ao projeto e que estavam em grande escala na fase inicial sejam lapidadas para subsidiar o processo de execução.

O conjunto de processos **execução** abrange as atividades relacionadas à conclusão do trabalho definido no planejamento. Normalmente, os maiores esforços em recursos para os projetos são alocados nesse grupo. Nessa fase, o planejamento é posto à prova e se verifica se as informações identificadas no planejamento foram bem tratadas e organizadas.

Embora seja óbvio, é preciso destacar que a fase de execução acontece depois da fase de planejamento, pois, na prática, muitas empresas se perdem nessas definições simples. Grande número de projetos não alcançam o sucesso por justamente carecerem de um planejamento mínimo que suporte as ações de execução.

Um esforço concentrado no planejamento do projeto pode auxiliar no encadeamento das atividades e na previsão de possíveis riscos. Em virtude de prazos muito curtos, em alguns projetos subestima-se esse processo, deixando incompletas as as atividades de planejamento. Isso ocorre principalmente em ambientes nos quais a equipe é experiente e o projeto tem um escopo definido. Alertamos, porém, que o planejamento é parte fundamental do sequenciamento das atividades.

O **monitoramento e controle** é o grupo que reúne processos de acompanhamento de todas as atividades do projeto. Esses processos são importantes principalmente perante as mudanças que ocorrem ao longo do cumprimento das atividades. Mesmo nas fases iniciais, podem existir eventos que criem a necessidade de alterar algum âmbito do projeto. Sob essa ótica, as ações que se preocupam com essa realidade, tão comum no ambiente de projetos, concentram-se nesse processo.

Por essa razão, esse conjunto de processos acompanha todo o projeto. Enquanto as fases de planejamento ou mesmo de execução caracterizam-se por uma periodicidade sequencial, a de monitoramento e controle dura praticamente todo o projeto. Logo, ao passo que todos os outros processos estão ocorrendo, também está sendo realizado o processo de monitoramento e controle. Acompanhar e reportar o desempenho para que o projeto atinja seus resultados esperados são atividades que estão alocadas nesse processo.

Por fim, há o grupo de processos **encerramento**, o qual compreende as ações que atestam o cumprimento dos objetivos do projeto, corroborando com sua conclusão. Nessa etapa, é necessário o cumprimento formal do projeto, além do processo de homologação ou verificação realizado pelo cliente ou interessado final. Também nessa fase, é importante elaborar um documento de lições aprendidas, no qual devem ser elencados os ensinamentos colhidos no projeto, para utilização futura.

Assim, esses cinco grupos de processos contemplam as atividades necessárias para que um projeto seja realizado de forma completa.

A esse respeito, observe o Gráfico 1.3, a seguir, onde estão representados todos os processos mencionados anteriormente. O entendimento de tais processos é necessário para analisar efetivamente o momento em que determinado projeto se encontra. Dessa forma, pode-se tomar decisões compatíveis com o processo em que o projeto está enquadrado.

Gráfico 1.3 – Processo para a realização de um projeto

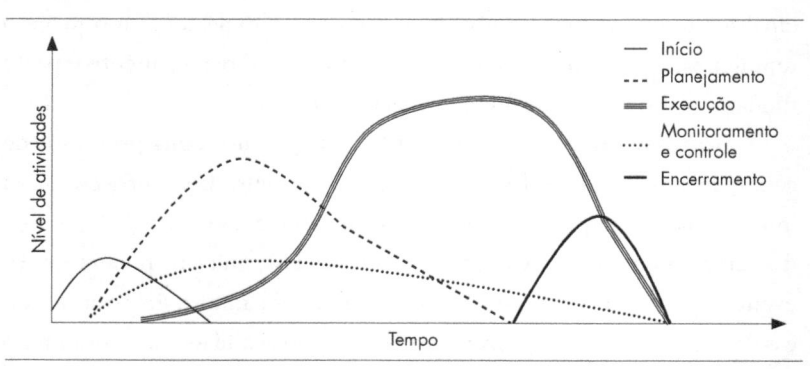

Fonte: Elaborado com base em PMI, 2017a, p. 18.

Vale registrar que nem todos os projetos precisam necessariamente apresentar uma linha de atuação nos processos como a do Gráfico 1.3. É possível, por exemplo, que o projeto apresente mais esforços no planejamento em virtude de uma situação específica. No entanto, o que se visualiza na maior parte dos casos é que os processos apresentados, bem como sua duração, estão presentes em grande parte dos projetos realizados.

1.4 Áreas de um projeto e o *Project Management Body of Knowledge* (PMBOK)

Para além da análise sobre as áreas e os processos relativos a um projeto, outro elemento que contribui muito para a evolução do conhecimento sobre o gerenciamento de projetos na atualidade é o *Project Management Body of Knowledge* (PMBOK), publicado pelo PMI.

É interessante clarificarmos primeiramente o que representa o PMI para, então, tratarmos de sua aplicação nas áreas de projeto.

Projetos de diferentes naturezas estão muito presentes na vida das pessoas e das instituições na atualidade. Isso está associado à crescente utilização de técnicas de projetos em diferentes áreas. Atualmente, o conhecimento sobre essa temática é útil para as áreas de tecnologia de informação, entretenimento e recursos humanos, citando apenas algumas.

Diante da vasta gama de possibilidades em que os projetos estão inseridos, reconheceu-se a premência de centralizar informações importantes sobre projetos. Assim, surgiu o PMI, instituto que articula e organiza todo o conhecimento sobre o gerenciamento de projetos no mundo.

Seria realmente muito árduo o trabalho de analisar a evolução do gerenciamento de projetos recente sem recorrer ao protagonismo do PMI. A atuação desse instituto converge para que todo o conhecimento sobre gerenciamento de projetos não se perca, focando na disseminação e na atualização de técnicas pertinentes. Independentemente disso, ao longo da evolução do gerenciamento de projetos, vários foram os autores e conceitos que contribuíram para para o progresso dessa área.

Destacam-se entre essas contribuições os avanços representados pela criação do Gráfico de Gantt*, pela técnica *Program Evaluation and Review Technique* (PERT)** e pela estrutura matricial***, por exemplo. Tais modelos foram predominantes em diferentes épocas e com diferentes objetivos. Assim, tornou-se necessário desenvolver um organismo que organizasse todas as técnicas e ferramentas que, comprovadamente, auxiliam os projetos existentes em todo o mundo (Codas, 1987).

Então, na segunda metade da década de 1960, um grupo de pessoas criou os pilares que resultaram na criação do PMI. Essa instituição sem fins lucrativos, sediada nos Estados Unidos, visa selecionar, organizar, atualizar e divulgar todo o conhecimento mundial sobre projetos. Desse momento em diante, a utilização de técnicas de gerenciamento de projetos começou a despertar interesse.

Vale destacar que o PMI não é a única instituição com essa finalidade. Existem também a Association Francophone de Management de Projet (Afitep), na França, ou a Association for Project Management (APM), na Inglaterra, por exemplo. Contudo, o PMI é a maior associação do gênero no mundo. Ela conta com mais de 650 mil membros associados em mais de 180 países (Codas, 1987).

Outra razão para o PMI ser considerado a instituição com maior capilaridade é a existência de filiais denominadas *chapters* ("capítulos", em português). Tais capítulos estão espalhados por todos os continentes, e no Brasil eles estão presentes em praticamente todos os estados. Assim, a abrangência do PMI é reflexo da grande quantidade de capítulos e profissionais associados ao órgão, em associação ao serviço que esse grupo presta, que se estende desde a disseminação de práticas de gerenciamento de projetos até a criação de técnicas comprovadamente eficazes.

A organização de seminários e eventos sobre gerenciamento de projetos também é função do PMI. Além disso, o instituto publica jornais e revistas

---

*   Diagrama que apresenta a evolução das diferentes etapas do projeto. Ligado à área de escopo.
**   Técnica utilizada para a criação de estimativas para o projeto, as quais contemplam cenários otimistas, realistas e pessimistas para a criação de uma única estimativa.
***   Modelo que apresenta de forma visual a estrutura das organizações e do projeto.

periódicas que versam sobre gerenciamento de projetos, com tradução para dezenas de línguas. Contudo, sem dúvida, a mais relevante publicação do instituto é o *Project Management Body of Knowledge*, também conhecido como PMBOK.

Essa obra é resultado do trabalho realizado por gerentes de projetos espalhados pelo mundo e que criam, atualizam e testam ferramentas e técnicas pertinentes à área de gerenciamento de projetos. O principal diferencial desse material é a grande variedade de técnicas que foram testadas e apresentaram resultados para determinado projeto. Dessa forma, não se trata de um guia preparado por um único autor, mas por dezenas de colaboradores que certificam se determinada atuação, técnica ou ferramenta foi comprovadamente eficaz no ambiente de projetos (Heldman, 2017).

Até os anos 1960, os profissionais da área de projetos não contavam com uma publicação com tamanha qualidade. Avaliando esse cenário, o PMI reuniu um grande número de interessados que trabalhou para organizar a publicação. Esse trabalho coordenado resultou na primeira versão do PMBOK.

Para dar um exemplo de como o livro foi criado, incialmente uma ferramenta ou técnica pode ser elaborada ou receber uma atualização por um gerente de projetos de algum país da Europa ou de qualquer outro continente. Esse profissional precisa obter a certificação de gerenciamento de projeto do instituto e ter relação com o órgão. Assim, essa ferramenta ou técnica pode ser introduzida no livro pelo gestor e se tornar uma grande aliada em outros projetos.

Dessa forma, a referida prática é compartilhada por todo o mundo e pode montar um arcabouço valioso para diversos outros gestores de projetos. Certamente, existe uma grande curadoria, preocupada com a atualização e pertinência de todas as práticas inseridas no livro.

O PMBOK pode ser considerado um relevante guia de orientação profissional sobre projetos e seu gerenciamento. Na prática, trata-se de uma importante fonte de consulta para alguns e uma bíblia sobre atuação em projetos para muitos. Sua intenção é identificar, testar, atualizar e descrever importantes conceitos, auxiliar no processo de padronização de termos e aglutinar informações basilares sobre a prática de gerenciamento de projetos (Gasnier, 2012).

A obra conta com diversas edições, as quais apresentam a evolução das técnicas de gerenciamento de projetos ao longo do tempo. Contudo, isoladamente, o livro não consegue detectar todo o conhecimento sobre projetos. De qualquer modo, trata-se da maior referência mundialmente conhecida na atualidade, muito por conta do histórico e da capilaridade de sua criação.

É possível verificar três objetivos principais do guia PMBOK (PMI, 2017a), conforme indicados a seguir, na Figura 1.2:

Figura 1.2 – Objetivos do PMBOK

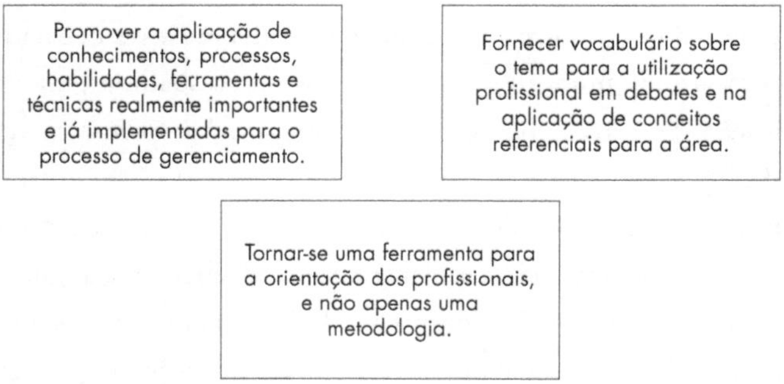

- Promover a aplicação de conhecimentos, processos, habilidades, ferramentas e técnicas realmente importantes e já implementadas para o processo de gerenciamento.
- Fornecer vocabulário sobre o tema para a utilização profissional em debates e na aplicação de conceitos referenciais para a área.
- Tornar-se uma ferramenta para a orientação dos profissionais, e não apenas uma metodologia.

Fonte: Elaborado com base em PMI, 2017a, p. 2.

É importante citar que o PMBOK utiliza o conceito de "boas práticas" para intitular as técnicas e as ferramentas nele contempladas. Utiliza-se essa nomenclatura para ratificar que o guia não é uma metodologia para a aplicação no ambiente de projetos, visto que não se trata de um passo a passo sobre gerenciamento de projetos. Não existe uma linearidade rígida no livro. O que há é uma compilação de práticas comprovadamente eficientes e que surtiram efeito para certos projetos em determinados cenários.

A ideia é de que há, comprovadamente, boas possibilidades de que a aplicação das técnicas alcance bons resultados também em ambientes similares. Para ilustrar, são apresentadas no guia dezenas de técnicas para o gerenciamento de custo. Isso não significa que todas elas precisam ser aplicadas ao longo de um projeto; o indicativo é que elas geraram bons resultados em projetos anteriores.

O guia PMBOK (PMI, 2017a) também observa as novas tendências e atualizações com relação ao gerenciamento de projetos em aplicação em todos os continentes. Por isso, expõe técnicas emergentes e em ascensão no âmbito de gerenciamento de projetos. Logo, além de ser composto por práticas atuais, o PMBOK conta com um capítulo indicando o movimento de atualização para o campo de gerenciamento de projetos.

Além disso, é vital enfatizar que o guia é estruturado em capítulos que incluem algum âmbito de atuação necessário para o eficaz gerenciamento de projetos. Tais capítulos ainda contam com um direcionamento sobre as práticas descritas no livro. Assim, eles não apenas organizam a publicação, mas também indicam as áreas de importância para determinado gerente de projetos.

Os capítulos recebem atualização, e frequentemente são inseridos ou reclassificados de alguma forma. A organização deles indica em quais áreas o gerente de projetos deve focar sua atenção. Assim, o PMBOK ordena as mais relevantes práticas para se conseguir um eficiente gerenciamento de projetos.

Evidentemente, cada organização ou projeto tem suas particularidades. Portanto, o responsável pelo projeto e sua equipe devem se cercar de um ferramental que lhes ofereça comprovado benefício na tomada de decisão. Por conta disso, para auxiliar nessa questão e apresentar de forma clara os campos de atuação que merecem maior atenção nos projetos, o guia PMBOK oferece ao leitor o conjunto de conhecimento sobre o gerenciamento de projetos que precisa ser considerado. Além de apresentarem um norteamento para a atuação em projetos, os textos constantes recebem atualização constante de outras áreas que igualmente precisam ser avaliadas no ambiente de projetos.

Em síntese, o guia PMBOK (PMI, 2017a) é um importante referencial em âmbito internacional sobre o gerenciamento de projetos. Ele pode ser utilizado por empresas que precisam de um direcionamento para a correta implantação de práticas comprovadamente eficazes sobre projetos. Atualmente, o PMBOK relaciona dez áreas de atuação (Clements; Gido, 2014). Todas as áreas abordadas no guia são de extrema relevância, e sua má gestão pode comprometer sobremaneira os trabalhos relacionados aos projetos (Gasnier, 2012).

Dessa forma, a seguir apresentamos, na Figura 1.3, os capítulos que compõem o guia PMBOK e que demandam atenção especial da equipe destinada ao projeto.

Figura 1.3 – Áreas de gerenciamento de projetos

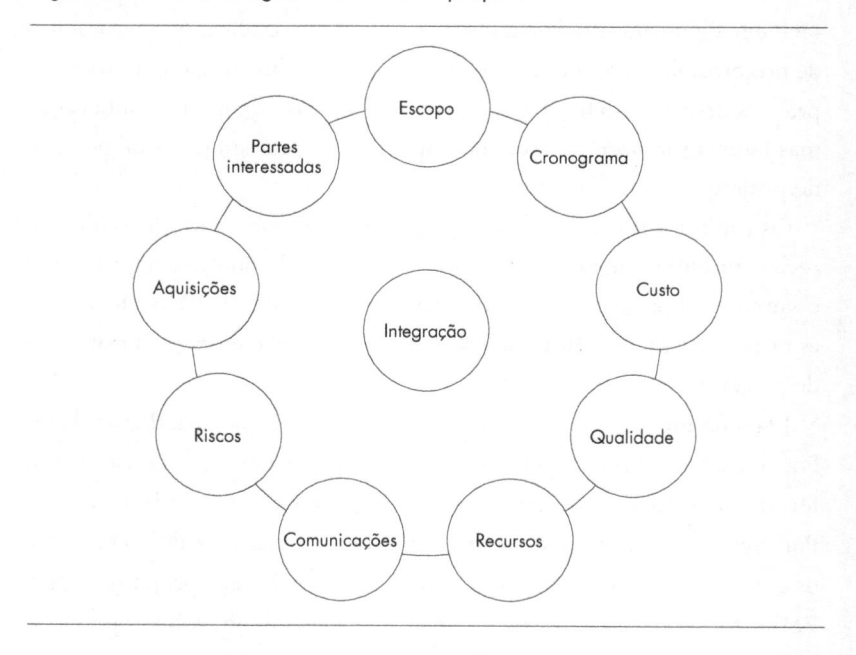

[Diagrama circular com as áreas: Escopo, Cronograma, Custo, Qualidade, Recursos, Comunicações, Riscos, Aquisições, Partes interessadas, e Integração (centro)]

Fonte: Elaborado com base em PMI, 2017a.

Julgamos pertinente definir cada uma dessas áreas. A ideia, de antemão, é evidenciar a importância e a abrangência de cada área. Assim, a seguir comentamos os conceitos de cada uma das áreas de gerenciamento de um projeto:

- **Gerenciamento da integração:** Organiza todos os processos e as atividades necessárias para realizar a coordenação dos procedimentos e das ações de gerenciamento de projetos em todas as áreas existentes, de forma conjunta. A integração se preocupa realmente com a sincronia, tão necessária para que todas as áreas atinjam seus objetivos mútuos.
- **Gerenciamento do escopo:** Corresponde às atividades que auxiliam na garantia de que o projeto contemple todo o trabalho necessário para que seja concluído com êxito. Essa área se preocupa com as características do produto ou serviço que está sendo desenvolvido no projeto.
- **Gerenciamento do cronograma:** Inclui os processos que garantem que o projeto seja concluído conforme o cronograma previamente estabelecido. Essa área de gerenciamento se relaciona com a tomada de decisão que impacta o prazo das atividades e, por conseguinte, a duração total do projeto.
- **Gerenciamento dos custos:** Abrange o levantamento de orçamentos, estimativas ou até mesmo financiamentos relativos ao projeto. Assim, essa área se ocupa dos custos relativos aos trabalhos relacionados ao projeto, tanto no quesito planejamento quanto no acompanhamento.
- **Gerenciamento da qualidade:** De forma geral, todas as áreas de gerenciamento se relacionam. Porém, o gerenciamento de custo possui muita relação com o gerenciamento de qualidade. Assim, este se preocupa com as atividades atinentes à política de qualidade da instituição onde o projeto está acontecendo. Esse tipo de gerenciamento é importante porque auxilia na garantia de que o projeto alcance a qualidade previamente planejada, sempre atendendo às expectativas das partes interessadas.
- **Gerenciamento dos recursos:** Está atenta a todos os recursos destinados ao projeto. É comum focar a atenção nos recursos humanos destinados aos trabalhos, mas essa área se ocupa da totalidade dos

recursos designados. Para exemplificar, em determinado momento da evolução das atividades, pode ser necessário contar com algum maquinário para a conclusão do projeto.

- **Gerenciamento das comunicações**: Por ser, provavelmente, o grupo mais sensível, merece toda a atenção, visto que permeia todos os envolvidos e todas as áreas em conjunto. É constituído por atividades cujo objetivo é assegurar que todas as informações atinjam a pessoa certa e na hora certa, de maneira menos dispendiosa. Contudo, essa não é uma tarefa fácil, dependendo de muito planejamento e trabalho de todos os envolvidos.
- **Gerenciamento dos riscos**: É importante por incluir a identificação, o monitoramento e a análise de todos os riscos que podem comprometer alguma área do projeto. Está muito ligada à maturidade dos projetos que determinada instituição executa, mas sua relativização pode causar sérios danos ao projeto.
- **Gerenciamento das aquisições**: Inclui os processos que gerenciam as atividades de pessoas ou instituições externas ao projeto. Trata-se de uma área que demanda muito cuidado, pois, em alguns casos, as empresas externas ao projeto atuam de forma muito intensa. Por isso, esse tipo de gerenciamento está bastante conectado à atenção a contratos e normas como forma de resguardar o envolvimento de todos no projeto.
- **Gerenciamento das partes interessadas**: Voltado à otimização da identificação de pessoas ou grupos e que impacta o projeto em alguma medida. A atenção e o envolvimento nesse grupo é fundamental para o sucesso na experiência com projetos.

Tais áreas de gerenciamento (ou capítulos dispostos no guia PMBOK) correspondem às áreas críticas dos projetos. Também é relevante citar a interação com os ciclos de vida. Tanto as áreas do projeto quanto os ciclos precisam ser analisados e mensurados constantemente. Esse tipo de atenção potencializa o sucesso do resultado.

Nesse sentido, o ciclo de vida aliado às áreas está presente em qualquer projeto dos mais diversos níveis de complexidade, desde um projeto pequeno e simples desempenhado por uma só pessoa até os grandes projetos de construções avançadas que dependem da colaboração de milhares de trabalhadores com prazo e custo bem mais expressivos. Ambos têm caráter cíclico e necessitam do gerenciamento das áreas relativas ao projeto. O que difere um caso do outro é o nível de detalhe e a complexidade do projeto.

Assim, o gerenciamento de custo ou escopo deve ser aplicado tanto a projetos com um orçamento extremamente pequeno quanto àqueles que envolvem custo de milhões de reais. A depender das especificidades, o gerenciamento de custo pode demandar algumas horas em casos de projetos conhecidos e pouco complexos ou pode levar anos para projetos maiores. Independentemente do porte dos projetos, todos devem atentar para as áreas de gerenciamento contempladas no PMBOK (PMI, 2017a).

O mesmo vale para as fases do ciclo de vida do projeto. Por exemplo, a etapa de planejamento ou de execução está presente nos projetos independentemente do porte e da complexidade, embora a duração dessas fases possa ser consideravelmente diferente.

Vale frisar a relevância da interligação de todas as áreas de gerenciamento com todas as fases do ciclo de vida de um projeto. Os conceitos presentes na literatura abrem muitas possibilidades de gerenciamento, demonstrando que o gerenciamento de um projeto também pode ser entendido como a aplicação prática de habilidades, conhecimentos e ferramentas às atividades de um projeto.

É altamente recomendável a total interação entre as áreas e a adoção de uma coordenação conjunta para que se realizar um gerenciamento eficaz. Nesse sentido, não existe uma área mais importante e que precise ser analisada de forma mais proativa por parte dos envolvidos. Todas as áreas são fundamentais, tornando a ação de gerenciar um projeto bastante complexa.

Dessa maneira, mesmo que o gerenciamento de projetos seja impecável em nove das dez áreas, a área negligenciada poderá comprometer consideravelmente o projeto. Analisemos um exemplo: considere um projeto muito bem-administrado em quase todas as áreas, mas cujo gerenciamento de custos não foi realizado de forma ideal. Com a evolução das atividades nesse projeto, constatou-se que os custos estão muito elevados e não podem mais ser honrados. Nesse cenário, o projeto precisa ser abortado imediatamente, causando ainda mais prejuízo para a instituição, que gastou um volume financeiro para um projeto que não foi concluído. Ainda com relação ao gerenciamento de custos, outro exemplo pode ser visualizado quando as estimativas de custo são levantadas de forma muito equivocada. Isso ocorre quando não se foca atenção suficiente nas atividades relativas ao projeto, e o levantamento de custo das atividades pode não ser realista. Esse cenário pode levar a uma falha no encaminhamento financeiro da empresa para os projetos, comprometendo do desempenho da instituição.

O comprometimento no gerenciamento também gera equívocos em diferentes áreas, como escopo e cronograma, sobretudo em projetos ágeis, em que o escopo não é muito bem-definido e o cronograma é curto. Por isso, o gerenciamento eficiente em todas as áreas é fundamental.

No quesito gerenciamento das áreas em projetos ágeis, vale salientar que um bom planejamento independe do tempo previsto para sua realização. Existem projetos ágeis com excelentes organizações em todas as áreas em que a duração para o planejamento das atividades se estende por menos tempo do que outros projetos com planejamentos robustos e que demandam muito tempo, mas que não conseguem ser realmente eficazes.

Percebemos, assim, que o valor está na efetividade do instrumento planejamento, e não no tempo alocado para a realização desse planejamento. Diante disso, é fortemente recomendável promover a capacitação com ferramentas e atualizações atinentes ao gerenciamento de projetos, a fim de potencializar a tomada de decisão no ambiente organizacional.

Algumas décadas atrás, a literatura sobre projetos qualificava três áreas como as mais relevantes para o gerenciamento, tripé esse que demandava maior atenção do gerente de projetos. Tais áreas eram escopo, tempo e custo. Acreditava-se, portanto, que, se esses três âmbitos estivessem adequados, o projeto alcançaria sucesso e as outras áreas também estariam progredindo. A atenção a essas três áreas era chamada de **restrição tripla** (Dinsmore; Silveira Neto, 2010).

Com as contribuições de novos estudos e das atividades com relação ao gerenciamento de projetos, acrescentou-se a área de qualidade a esse grupo. Posteriormente, reconheceu-se que o gerenciamento das outras áreas não era um reflexo do bom gerenciamento das quatro principais. Assim, para que se gerenciasse de forma correta os riscos em um projeto, era importante analisá-los como centrais. Dessa forma, outras áreas foram incluídas nas atividades com projetos e, hoje, são indicadas dez delas, sem predominância de uma em relação à outra.

Nesse sentido, quanto às publicações da última década, ficou evidente a ênfase a todas as áreas de gerenciamento, sendo o equilíbrio de todas elas o que garante o sucesso no final do projeto. Em resumo, é a interação de todas as áreas do gerenciamento de um projeto que promove a qualidade do resultado. Esse equilíbrio entre as áreas visa atender às demandas de todos os envolvidos e agregar maior valor ao produto final a ser entregue.

Contudo, não somente as áreas, mas também os processos de gerenciamento precisam ser analisados. Os processos de inicialização, planejamento, execução, monitoramento e controle, e encerramento interagem com as áreas e podem auxiliar no trabalho do gerente do projeto e da sua equipe.

A respeito dos processos de inicialização, vale salientar a importância da identificação assertiva das partes interessadas, aliada a uma análise financeira de todos os custos e a um estudo sobre a viabilidade técnica e financeira do projeto. Tais informações fomentam a visualização do quadro inicial do projeto, e indicam tempo de duração das atividades (Vargas, 2018).

Nesse **processo inicial**, deve-se proceder à identificação e à formalização do projeto dentro da organização. Para isso, formaliza-se o termo de abertura. Nele, são inseridas informações importantes sobre o processo inicial, as quais devem compreender todas as áreas, pois esse documento apresenta informações sobre o escopo inicial, a identificação das partes interessadas, além de custos e cronograma etc. Trata-se, portanto, de uma clara identificação das interações entre as áreas e os processos (Vargas, 2018).

Já com relação ao planejamento do projeto, segundo Camargo (2018), espera-se obter mais detalhes sobre todas as áreas de gerenciamento. Vale salientar que a fase de planejamento do projeto é muito relevante e necessita de um olhar minucioso. Por isso, nesse momento, as informações referentes a custo, risco e cronograma, por exemplo, tornam-se mais claras, e pode-se, a partir disso, tomar decisões com mais assertividade.

A fase de planejamento demanda a criação de vários planos que determinarão a execução. Assim, para todas as áreas, devem ser estabelecidas estratégias, como comunicação, recursos, aquisições, entre outras.

Já a **execução** é um processo que exige maior intensidade de atividades, pois muitos envolvidos realizarão interações e criarão, de fato, o objetivo final do projeto. Por isso, o planejamento é importante, uma vez que serve como um documento de referência para as ações no momento da execução.

Considerações sobre o andamento real das atividades e uma forte comunicação entre todos os envolvidos são peças-chave no projeto. O engajamento da equipe é fundamental; por isso, demanda muita atenção a medições reais do progresso das atividades e do planejamento de comunicações.

No **monitoramento e controle**, concentram-se ações relativas ao acompanhamento de todo o projeto. Deve estar claro, mesmo nos momentos iniciais, é importante fazer o monitoramento das ações em relação aos envolvidos.

Nessa etapa, deve-se ter maior atenção com o fluxo das informações. Por isso, são utilizados indicadores, relatórios e gráficos para auxiliar na tomada de decisão. O controle dessas informações e a sua atualização são ferramentas importantes para outro processo importante no ciclo de vida de um projeto: o encerramento.

O **encerramento** centraliza informações para encaminhar o projeto a sua conclusão. Trata-se de um momento importante, pois nele é constatado se realmente os objetivos idealizados para o projeto foram efetivamente alcançados. Logo, informações relativas a contratos e cumprimento de obrigações com terceiros também são enfatizados.

Em síntese, todas as áreas de um projeto se correlacionam diretamente com os processos. Dessa forma, é imperioso saber em qual fase o projeto está, para que seja possível realizar as ações relacionadas. Sob essa perspectiva, tanto as áreas quanto todos os processos se inter-relacionam e geram um novo nível de complexidade ao projeto.

Contudo, essa não é necessariamente uma tarefa fácil, justamente pelo ambiente em que os projetos ocorrem. Nas organizações, via de regra, existem diversas tarefas conflitantes aos recursos destinados ao projeto. Isso se verifica quando uma importante tarefa relacionada ao projeto não pode ser realizada ou terá que ser atrasada para que se atenda a uma demanda específica do departamento em que o recurso está inserido.

Os recursos humanos dos projetos podem ser de dedicação exclusiva ou compartilhada ao projeto. Nesta última condição, muitas vezes o cronograma pode ser afetado por demandas pontuais do dia a dia dos departamentos. Cabe à gestão do projeto compreender e trabalhar alternativas para que tais demandas pontuais não cheguem a afetar a qualidade e o prazo final da entrega. Em alguns casos, inclusive, os recursos da empresa são realocados para a equipe de projeto por tempo determinado, e após o encerramento, voltam a ser destinados às funções rotineiras.

Dentro da organização, os projetos têm de coexistir com muitos processos constituídos e que precisam ser realizados. Esse cenário confere maior complexidade ao projeto, que necessita realizar a interligação entre as atividades relativas às áreas e aos processos juntamente com o ambiente onde outros projetos e os processos organizacionais podem causar comprometimento.

Para que seja possível minimizar o impacto dessas conjunturas, recai sobre o planejamento a função central de dirimir tais riscos, pois é nessa fase que se pode atentar para realidades próprias de cada instituição e de forma proativa, indicando ações que contornem alguns riscos potencialmente danosos ao projeto.

1.5 Importância do gerente de projeto e metodologias de gerenciamento

Historicamente, cada civilização, a seu tempo, encontrou formas de otimizar o resultado dos projetos. Antigamente, o gerenciamento de projetos era tido como uma atividade muito ligada à área de engenharia. Essa área foi determinante para a evolução do que hoje entendemos como gerenciamento de projetos moderno.

Nas últimas décadas, o mercado organizacional foi detectando os benefícios da utilização de gerenciamento de projetos para qualquer atividade. Assim, o assunto ganhou destaque em diferentes campos como exploração espacial, entretenimento, tecnologia de informação e medicina veterinária.

Os projetos espaciais da National Aeronautics and Space Administration (Nasa), agência espacial dos Estados Unidos, por exemplo, são conhecidos por sua grande complexidade técnica. Por terem grande importância para as empresas, devem ser tratados como projetos os eventos como: feiras de negócios ou convenções de vendas; abertura de um novo centro de distribuição; inauguração de uma filial; campanha de adoção de animais abandonados.

Mais recentemente, percebeu-se que certas técnicas robustas de gerenciamento não eram aderentes a todos os projetos. Existe um universo de projetos que não consegue e não precisa utilizar esse grande arcabouço de técnicas e procedimentos. Muitas vezes, isso ocorre por conta de o escopo não ser completamente definido ou em virtude de a equipe possuir vasta experiência com projetos semelhantes. Foi em meio a contextos como esse que surgiram as bases para o **gerenciamento ágil de projetos** (Camargo; Ribas, 2019).

Esse tipo de gerenciamento precisa levar em conta todas as áreas existentes e que impactam um projeto. No entanto, como tais projetos ocorrem em ambientes ágeis, deve haver um espaço para adaptações ou adequações, tão presentes nesse contexto. Dessa forma, recai sobre a figura do gerente de projetos uma crucial missão: coordenar e monitorar todas as ações destinadas ao projeto.

Considerando esse cenário, é pertinente acrescentar que o papel desempenhado pelo gerente de projetos varia conforme a organização e de acordo com o projeto. Em determinados projetos e situações mensuráveis, recorre-se a um gerente que coordena as ações pertinentes ao andamento das atividades. Entretanto, existem projetos bem mais complexos, envolvendo milhares de interessados e com um orçamento muito alto. Neles, é válido contar com um grupo de pessoas que atuam como gerentes desses projetos.

Assim, tal função é exercida dentro de uma organização e responde pelo sucesso ou insucesso de um projeto. De acordo com o guia PMBOK (PMI, 2017a), o papel do gerente de projetos é crítico e necessita de bastante ênfase em comunicação e na liderança da equipe. Essa função é basilar e, normalmente, é designada nos momentos iniciais do trabalho com o projeto.

Em determinadas empresas e situações, o gerente de projeto pode ser designado mesmo antes do início do trabalho a ser realizado, principalmente em projetos mais flexíveis e que necessitam de trabalhos iniciais bem-elaborados e planejados. Requer-se do gerente de projeto proatividade e um grande nível de responsabilidade. Essa não é uma tarefa simples e, por isso, demanda uma visão geral da organização e do cenário em que o projeto está sendo desenvolvido. É essencial aliar uma visão sistêmica dos acontecimentos relativos ao projeto a uma integração constante dos trabalhos de diferentes frentes.

A nomenclatura adotada para designar essa função varia bastante. Em algumas organizações e determinados projetos mais simples e com fácil organização e planejamento, a função do gerente pode ser desempenhada por um analista ou, até mesmo, um auxiliar de projeto. Contudo, em outras instituições, é possível perceber que a função desempenhada por um gerente de projetos é de alta influência hierárquica, cabendo-lhe, inclusive, tomar decisões sobre contratações, demissões e concessões de aumento salarial.

Nesse sentido, cada organização ou situação deve contar com uma pessoa (ou grupo de pessoas) responsável por coordenar e integrar as atividades relativas ao projeto, independentemente da nomenclatura. O fundamental é que essa função de gerenciar um projeto seja realizada por alguém, não importando o cargo ou a hierarquia na instituição.

Esse tipo de função é importante porque ela pressupõe certa integração, coordenação ou, até mesmo, um direcionamento de quais atividades devem ser realizadas dentro do projeto. É necessário promover uma visão em um nível acima das atividades do projeto e que consiga integrar ações e responder por elas em um nível estratégico maior.

A experiência evidencia que o sucesso ou o fracasso de um projeto está diretamente relacionado ao desempenho do gerente. Isso acontece porque, sem uma eficiente coordenação de ações, planejamento e monitoramento do projeto, a experiência com projetos não é satisfatória. Em determinado contexto, a atividade desempenhada por um gerente de projeto pode ser realizada pelo mesmo recurso responsável pelo projeto. O mais importante é que essa figura tenha maturidade e consciência das especificidades da organização. Isso quer dizer que, em determinados contextos, um projeto pode ter como recurso apenas uma pessoa que será a responsável pelo projeto. Ela realizará o planejamento, executará o projeto e a ela caberão as atividades relativas à conclusão. Sob essa ótica, ainda que o projeto, principalmente em ambientes ágeis, seja realizado por uma só pessoa a qual tenha outro cargo na instituição, a função desempenhada pelo gerente de projetos é vital, sendo determinando para o resultado.

A respeito das aproximações entre as estruturas organizacionais, as suas complexidades e as habilidades necessárias para um gerente de projeto, esclarecemos que a habilidade de comunicação é um requisito fundamental. Um projeto que normalmente é desenvolvido por uma pessoa ou uma equipe afeta muitas outras áreas da empresa. É a comunicação assertiva entre a equipe do projeto e os demais afetados que sensibiliza e promove o engajamento necessário para o sucesso dessa empreitada.

Isso acontece porque um gerente de projetos passa a maior parte do tempo se comunicando com a equipe, os clientes e os patrocinadores. Dessa forma, o conhecimento sobre uma comunicação clara, coerente e efetiva é extremamente necessário. Nesse sentido, a comunicação não verbal é também um elemento de grande valia, já que oferece um grande nível de detalhamento, tão necessário no processo de comunicação. A observação de sinais não verbais na fala auxilia na interpretação mais correta do que está sendo comunicado.

A aptidão na comunicação deve ser associada a habilidades técnicas de planejamento, observação de objetivos e diversas outras análises concernentes ao projeto e à organização. São igualmente importantes outras competências, como empatia, liderança e motivação, as quais também contribuem para o sucesso do projeto (Vargas, 2018).

Camargo (2018) indica que um gerente de projetos precisa aliar a habilidade de liderança ao conhecimento tecnológico em auxílio ao projeto, bem como desenvolver uma grande capacidade de negociação. A autora declara que um responsável deve cumprir os objetivos do projeto nos quesitos prazo, custo e qualidade, anteriormente definidos. Vale salientar que aliada à junção de diferentes competências, é conveniente promover a atualização constante, que é de grande valia para o ambiente organizacional.

Tais habilidades tornam mais ágil a tomada de decisão. Em acréscimo, o gerente de projetos precisa desenvolver a habilidade de mediação de conflito, muitas vezes tão presente em projetos, além de selecionar uma boa equipe (se designado para essa atividade), compreender o funcionamento da organização, exercer a liderança e demonstrar grande capacidade de resolução de problemas.

A articulação de diferentes habilidades aumenta as chances de se concluir o projeto de forma satisfatória. Para isso, o gerente de projetos tem de assegurar que o fluxo de informações e de decisões esteja mapeado e totalmente identificado (PMI, 2017a).

Para que um projeto alcance seus objetivos, deve-se reconhecer a premência de um esforço conjunto e, muitas vezes, multidisciplinar, porém temporário. É fundamental compreender que o quesito temporário identifica o final do projeto, momento em que os objetivos identificados inicialmente devem ser atingidos. Todavia, o final do projeto não significa o término das capacitações e dos aprimoramentos da função de gerenciar as atividades correlacionadas.

Por isso, o aprimoramento constante, com informações reais sobre técnicas de planejamento, monitoramento e compreensão do ambiente de projetos, é sempre frutífero. Evidentemente, a comunicação permeia todas essas áreas. Em virtude disso, deve-se ter muita atenção em relação às ferramentas e técnicas que auxiliem na otimização desse processo.

Diversas atividades que aprimoram a gerência em projetos são correlatas à habilidade de comunicação. As capacidades de negociação, delegação, orquestração de atividades, entre outras, também estão diretamente relacionadas à comunicação.

A capacidade de negociação é uma valiosa aptidão que demanda grande comunicação. Tal habilidade é útil para se identificar partes realmente interessadas no projeto. Essa atividade aumenta a robustez institucional, por meio de alianças promissoras, para que seja possível alcançar os objetivos previamente identificados. Dessa forma, um gerente de projetos deve utilizar em grande medida a comunicação como aliada ao longo do projeto (PMI, 2017a).

Quanto à habilidade de delegação e cobrança, um gerente de projeto precisa usar a comunicação, pois esse tipo de atividade auxilia na transferência de responsabilidade das decisões para os envolvidos no projeto, de acordo com sua competência. Pode estar relacionado ao real cumprimento de alguns objetivos, cronogramas ou, ainda, à qualidade. Essa aptidão ajuda na aplicação de incentivos ou correções, dependendo do ambiente organizacional e do projeto.

Cabe, ainda, ao gerente de projetos administrar conflitos e, para isso, ele tem de se valer da comunicação para sua aplicação. Essa capacidade pode ser relacionada à aptidão em resolver ou administrar diversos conflitos que podem prejudicar o desempenho do projeto. Ela também pode ser entendida como a habilidade de administrar as diferenças entre os envolvidos no projeto.

Apesar de cada empresa atribuir um grau de autoridade ao gerente de projeto, cabe a ele promover a total integração entre todos os envolvidos. Também é responsabilidade desse agente interligar o projeto com o restante da empresa. Esse tipo de ação auxilia no andamento das atividades, por conferir maior senso de responsabilidade perante o resultado esperado.

A comunicação deve ser realizada como um fluxo de mão dupla. Assim, da mesma forma que se emite uma informação, é necessário dar a possibilidade para que o outro indivíduo também emita seu parecer sobre a informação anterior. Dessa forma, é importante desenvolver a capacidade de ouvir e contextualizar as informações emitidas por todos os envolvidos na comunicação (Chaves et al., 2010).

No mercado atual, em que a complexidade e a dinâmica são acentuadas, os diferentes objetivos institucionais podem sofrer influências de fatores internos e externos à instituição. Sobre essa questão, a utilização de projetos auxilia na maior dinamicidade empresarial em consonância com esses objetivos. Dessa forma, a administração de projetos ganha relevo, pois, ao final do trabalho, será possível facilitar a readequação de diversos pontos que precisam de otimização dentro de uma organização.

No mercado empresarial atual e entre as práticas mais conceituadas sobre o gerenciamento de projetos no momento, bastante atenção tem sido dada para como os projetos podem otimizar as práticas organizacionais. Já está claro que o resultado dos projetos gera muitos benefícios para as instituições. Contudo, alguns horizontes se abrem sobre as práticas de projetos, as quais são mais adequadas e facilitadas a determinadas empresas; a ideia é quais metodologias podem auxiliar diretamente a realização de projetos no ambiente organizacional.

Nesse sentido, um dos fatores de sucesso é a escolha de uma metodologia adequada às especificidades da instituição. Hoje em dia, existem diferentes metodologias no mercado, porém, o real conhecimento de suas intenções e práticas facilita a atuação de todos os envolvidos no projeto.

Entre os fatores que levam ao fracasso, estão as mudanças organizacionais constantes, a falta de clareza na escolha de objetivos e metas, a grande flexibilidade do cenário político e o pouco engajamento do gerente de projeto. Outro aspecto identificado se refere à pouca experiência com projetos, aliada à reduzida integração entre os envolvidos.

No que tange aos objetivos mal estabelecidos, uma das áreas mais sensíveis a esse tipo de problema é o gerenciamento de cronograma do projeto. Diferentes organizações determinam prazos extremamente desafiadores ou, ainda, que jamais foram atingidos pela instituição anteriormente. Esse tipo de decisão tende a gerar grandes apreensões com relação a prazo e impactam todas as outras áreas (Vargas, 2018).

As ações relativas ao cronograma e à distribuição de tempo impactam as áreas financeira, de recursos e, de forma determinante, a qualidade das entregas. Mesmo em projetos ágeis, nos quais a flexibilização é determinante, uma definição de prazos mais realista é vital para o projeto. Nesse sentido, é altamente recomendável a interação com o gerente de projetos, a quem cabe tornar decisões sobre o cronograma de acordo com cada projeto, organização e metodologia escolhida.

Entre as escolhas que causam impacto positivo no projeto, figuram o total apoio da alta direção da instituição, um planejamento eficaz, a seleção de uma boa equipe, além da utilização de documentação auxiliar para o projeto (Vargas, 2018). Este último fato corresponde a um conjunto de práticas que visam organizar, registrar e armazenar diversas informações importantes. Tais registros podem ser efetuados em sistema ou, até mesmo, em documentos organizados com o intuito de criar histórico sobre o andamento do projeto. A leitura dessas informações auxilia no andamento de projetos futuros, servindo como um manual de práticas das lições aprendidas. Contudo, para que esse tipo de atividade gere bons frutos, é importante que toda a organização tenha noção da importância desse tipo de prática e de seu armazenamento.

Revisão

Na prática, todos os conceitos aqui apresentados são verificados simultaneamente no ambiente organizacional. Sobre os projetos, é importante entender que as instituições podem se valer dele, entre outras razões, para aumentar sua competitividade.

Nesse sentido, para otimizar os projetos, estes devem ser entendidos como um mecanismo único, repleto de particularidades, tais como ciclos e áreas de atuação. A atenção às áreas é fundamental para que o projeto avance até o final, alcançando a satisfação dos interessados.

Dessa forma, o foco nas particularidades de cada área é fundamental, bem como a interação do papel destinado ao gerente de projeto. Assim, esse profissional interage com a estrutura organizacional a fim de que, de acordo com ela, consiga sincronizar as atividades e progredir com os trabalhos no projeto.

Para solidificar os conceitos e práticas abordados no capítulo, apresentamos a seguir algumas questões técnicas sobre os temas abordados:

1. A realização de projetos acompanha a humanidade há muito tempo. Em séculos passados, os projetos eram bastante ligados à área arquitetônica. Atualmente, esses instrumentos podem auxiliar diversas áreas, como a engenharia e, até mesmo, a de serviços.

   A seguir, assinale a opção que apresenta a melhor definição do termo *projeto*:

   a. Trabalho contínuo sem término determinado.
   b. Esforço temporário empreendido para criar um produto, serviço ou resultado único.
   c. Esforço temporário empreendido para criar um produto, serviço ou resultado temporário.
   d. Esforço coordenado pelas organizações sem a intenção de atender às partes interessadas.

2. Na realização do projeto, faz a sincronia das atividades, em conexão direta com o projeto e, via de regra, acompanha-o por toda a sua duração. Além disso, leva em conta a sincronização das atividades da equipe em busca da otimização do resultado final e tem forte habilidade em delegação e cobrança, bem como alta capacidade de negociação. Assinale a alternativa que corresponde à definição expressa:

   a. Termo de abertura.
   b. Cliente.
   c. Fornecedor.
   d. Gerente do projeto.

3. É esperado do gerente de projetos certo conjunto de características que envolvem a capacitação com relação às atividades relacionadas aos projetos e ao ambiente organizacional em que eles ocorrem. A esse respeito, analise as assertivas que seguem e marque V para as verdadeiras e F para as falsas:

( ) Os gerentes de projetos devem ser pessoas organizadas e conhecem o seu papel estratégico nas organizações.

( ) Os gerentes de projetos não precisam utilizar a comunicação com os envolvidos. Eles necessitam da confiança dos interessados e desenvolvem um forte controle no encerramento do projeto.

( ) São pessoas que não devem se preocupar com a organização. Não precisam trabalhar sob pressão e são responsáveis pela criação do produto descrito no projeto.

( ) Devem conhecer a técnica do gerenciamento de projetos e se manterem em constante capacitação para adquirir novas habilidades e informações.

Assinale a alternativa que apresenta a sequência correta de preenchimento dos parênteses:

a. V, V, V, V.
b. V, F, F, V.
c. V, V, F, V.
d. V, V, V, F.

4. O livro *Project Management Body of Knowledge*, mais conhecido como PMBOK, contempla as principais áreas de atuação no gerenciamento de projetos. Ele é dividido em capítulos correspondentes às áreas de gerenciamento a que os gerentes de projetos devem atentar. Relacione as áreas de gerenciamento de projetos indicadas no PMBOK com seus respectivos conceitos:

I. Integração do projeto
II. Escopo
III. Cronograma
IV. Custo
V. Qualidade

( ) Abrange os processos necessários para garantir que o projeto seja concluído no tempo identificado anteriormente no planejamento.

( ) Corresponde aos processos e às atividades voltados à coordenação de todos os procedimentos e ações de gerenciamento de projetos em todas as áreas de atuação.

( ) Inclui os processos sobre a política de qualidade da organização em que o projeto está sendo desenvolvido.

( ) Inclui os processos vitais para garantir que o projeto contemple todo o trabalho necessário para que seja concluído com êxito.

( ) Direciona-se aos processos que contemplam informações sobre estimativas, orçamentos, financiamentos, gerenciamento e controle dos custos do projeto.

A seguir, assinale a alternativa que apresenta a sequência correta de preenchimento dos parênteses:

a. II – I – V – III – IV.
b. III – I – V – II – IV.
c. III – V – I – II – IV.
d. I – III – IV – II – V.

5. O gerenciamento de projetos completo demanda a clara noção de todas as áreas que merecem atenção, por parte de todos os interessados. Dessa forma, o entendimento sobre o que cada área de atuação de gerenciamento de projeto se propõe a fazer é fundamental para a tomada de decisão. O guia PMBOK contempla as principais áreas de gerenciamento de projetos e que necessitam de cuidado especial. Assim, relacione as áreas de gerenciamento de projetos indicadas no PMBOK com seus respectivos conceitos:

I. Gerenciamento de recursos
II. Comunicação
III. Riscos
IV. Aquisições
V. Partes interessadas

( ) Envolve os processos necessários para a melhor identificação de pessoas ou grupos que podem impactar de alguma forma o projeto.
( ) Corresponde aos processos de identificação e análise de riscos que podem comprometer alguma parte do escopo do projeto.
( ) Diz respeito ao envolvimento de pessoas ou instituições externas ao projeto. Essa área de gerenciamento é formada por processos necessários para comprar ou adquirir produtos ou serviços externos à equipe do projeto.
( ) Grupo de gerenciamento que se preocupa não apenas com os recursos humanos designados, mas com todos os recursos destinados para ele.
( ) Referente a processos que asseguram que as devidas informações sobre o projeto sejam planejadas, coletadas e, principalmente, distribuídas para as pessoas certas, no momento oportuno e de maneira ideal.

Agora, assinale a alternativa que apresenta a sequência correta de preenchimento dos parênteses:

a. V – III – IV – I – II.
b. IV – III – II – I – IV.
c. II – III – IV – I – V.
d. V – III – IV – II – I.

Gerenciamento de projetos ágeis

Neste capítulo, para explicarmos o que é o gerenciamento ágil, bem como quais são suas particularidades e intenções, temos de explicar, antes, como o gerenciamento de projeto pode ser realizado inicialmente. Isso porque, a solidificação dos conceitos e das ferramentas do gerenciamento de projetos tradicionais é premissa para o entendimento do gerenciamento ágil de projeto.

Em ambas as modalidades de gerenciamento, existe atenção a todas as áreas do conhecimento e nelas agem os mesmos atores. Mas como o gerenciamento de projetos ágeis pode ser considerado mais dinâmico, muitos dos conceitos do gerenciamento de projetos tradicional são reformulados.

O gerenciamento de projetos ágeis não é um modismo ou atividade passageira. Se há pouco tempo esse tipo de gerenciamento se restringia à área de tecnologia de informação, agora o gerenciamento ágil está ganhando grande capilaridade nas mais diversas áreas de mercado.

capítulo 2

2.1 Fundamentos do gerenciamento de projetos ágeis

No universo de projetos ágeis, o Project Management Office (PMO) é determinante para todo o gerenciamento em uma empresa (Barcaui, 2012). É importante analisar seu papel fundamental no gerenciamento de projetos e como esse grupo consegue indicar horizontes para que o gerenciamento ágil aconteça de forma planejada e alcance bons resultados. A análise de ordenação de todos os resultados finais em projetos deveria indicar e estar relacionada com um planejamento maior.

Para clarificarmos o gerenciamento ágil, primeiramente, temos de explicar o papel dos projetos em um nível mais estratégico. Com isso, teremos subsídios para detalhar o que se pretende realizar quando um gerenciamento de projetos acontece de forma dinâmica. Nesse sentido, no universo de projetos ágeis, um PMO é dedicado ao planejamento estratégico institucional. Dessa forma, o PMO aponta os caminhos que uma empresa deve tomar analisando os projetos que ela realiza. Em outros termos, o resultado de todos os projetos deve ser orquestrado levando em conta as particularidades estipuladas no planejamento estratégico. Em uma tradução para o português, a sigla PMO pode ser traduzido para "escritório de projetos". Esse "escritório" tem o propósito de zelar pelo portfólio de projetos estratégicos pertencente à empresa. Podem ser relacionadas três atribuições importantes do PMO: (1) disseminar a cultura de gestão nos projetos; (2) orquestrar os projetos na instituição, sempre primando pelo planejamento estratégico; e (3) auxiliar na consolidação de um planejamento de longo prazo (PMI, 2017a).

Sob essa ótica, o Project Management Body of Knowledge (PMBOK) (PMI, 2017a) define o PMO como uma estrutura institucional auxiliadora na padronização dos processos de governança relacionados aos projetos. Em um ambiente de gerenciamento de projetos ágeis, essa função é fundamental. Além disso, o PMO consiste em um facilitador do compartilhamento de recursos, metodologias únicas, técnicas e ferramentas, além de capacitação constante para os projetos.

Assim, o PMO ajuda na capacitação dos gerentes de projetos e dos demais envolvidos. A indicação de uma metodologia única que auxilie na gerência de projetos pode facilitar o compartilhamento de recursos e a tomada de decisão em projetos em razão da dinamicidade e da padronização introduzida na organização. Para o gerenciamento de projetos ágeis, essa atividade é fundamental, já que esse tipo de gerenciamento necessita de um diálogo com o resultado que está sendo aguardado pelos envolvidos.

Logo, o projeto gerenciado de forma ágil não pode ser considerado um organismo separado da organização. Pelo contrário, ele é parte da instituição, e para algumas empresas, a junção de todos os projetos deve estar embasada em um planejamento maior. Por isso, a constituição de um PMO se faz tão necessária.

Contudo, cada instituição organiza seu PMO de acordo com sua estrutura interna e conforme sua maturidade no atinente ao gerenciamento de projetos. Assim, pode haver empresas que dispõem de um PMO bastante robusto, contando com dezenas de colaboradores e com um imenso ferramental tecnológico que auxilie na tomada de decisão. Em contrapartida, há diversas outras em que esse tipo de função é de responsabilidade do diretor geral ou proprietário da empresa, o qual pode conciliar suas atividades com várias outras funções.

Não existe uma estrutura ideal de PMO a ser copiada por todas as empresas e em todos os cenários. Sobretudo no universo de projetos ágeis, em que a complexidade e a dinamicidade é muito grande, conceber um PMO ideal é muito difícil. Nossa intenção principal ao abordar o papel de um escritório de projetos é evidenciar que a coordenação dos projetos pode se inscrever em uma esfera maior (embora nem sempre esse tipo de visão se verifique nas organizações). Dessa forma, para que uma empresa não gaste tempo e dinheiro em projetos ou atividades sem norteamento, o papel realizado pelo PMO é muito importante (Barcaui, 2012).

Um PMO atua em três âmbitos de uma empresa: (1) suporte, (2) tático e (3) estratégico. Estes devem estar no horizonte de todas as decisões tomadas pelo PMO e estão muito relacionados com o sucesso que os projetos ágeis podem obter (Barcaui, 2012).

No que se refere ao **suporte**, cabe mencionar que está atrelado à função de monitoramento, superimportante para o gerenciamento ágil, que necessita desse tipo de direcionamento. Já no quesito **tático**, a função do PMO está vinculada à realização de uma integração total dos projetos, estando atrelado à noção de compartilhamento dos recursos comuns. Por fim, o âmbito **estratégico** do PMO envolve garantir que todo o direcionamento estratégico tenha relação com a seleção e com a organização existente nos projetos escolhidos pela instituição.

Dessa forma, a excelência em todas essas esferas pode ajudar a construir bons resultados na experiência com gerenciamento de projetos ágeis e constituir um PMO atuante na organização. Todavia, há certos desafios que precisam ser encarados pelo PMO. Um exemplo é o caso em que um escritório de projetos não gera receita direta. Esse tipo de constatação pode conduzir à conclusão equivocada de que o PMO não é prioritário para uma instituição ou, ainda, de que ele vai inflar a quantidade de colaboradores e causar custos adicionais desnecessários.

No entanto, por meio de suas análises, o PMO consegue provocar alguns choques de cultura que são necessários para a instituição. Isso se dá graças à análise estratégica aliada ao resultado prático previsto como entrega.

Tais análises e conclusões podem causar um desconforto organizacional, porque elas envolvem uma incontornável quebra de paradigmas e uma possível alteração no fluxo de poder dentro das empresas. É aí que reside a importância desse tipo de análise e das atividades realizadas pelo PMO, que deve proteger os objetivos idealizados pelos projetos e coordenar atividades eficientes para todos os envolvidos no ambiente organizacional.

Retomando a noção de a taxonomia de projetos (exposta no capítulo anterior), esta é de responsabilidade do PMO, que tem de criar parâmetros que selecionarão e organizarão os projetos considerados prioritários. Esse tipo de análise certamente causa bastante impacto no ambiente de projetos e, por conseguinte, na organização institucional.

Sobre a perspectiva da escolha de gerenciamento ágil, o PMO tende a impactar a cultura organizacional, além de reformular as visões sobre projetos e ferramentas. Por isso, é necessária a capacitação contínua, com o intuito de oxigenar conceitos já utilizados em aderência à nova realidade e necessidade do mercado. A principal atenção poderia estar focada no resultado e na pertinência de um PMO em determinada empresa, assim como em sua organização e na capacitação de ferramentas e práticas inovadoras que consigam agregar valor à instituição.

Em contrapartida, levando em conta uma nova realidade de mercado e as práticas ágeis, um PMO deve considerar as atividades e os fluxos realizados de forma solidificada em uma instituição. Assim, torna-se possível agregar valor e construir um gerenciamento de projetos ágil adequado a diferentes conjunturas. Inicialmente, é necessário supor que determinada metodologia ágil de gerenciamento de projetos pode aglutinar diferentes elementos de dinamicidade, sem desconsiderar, contudo, a complexidade tão presente nos projetos atualmente. Essa observação sobre o dia a dia organizacional precisa ser levada em consideração para que o PMO se aproxime da instituição e consiga aprofundar a conscientização sobre o gerenciamento de projetos eficiente.

Assim, o objetivo de um PMO na gestão de projetos ágeis é gerenciar projetos eficientemente, sem deixar de realizar as devidas aproximações com o planejamento estratégico da organização. Outro propósito é a otimização dos resultados de um projeto, além da melhoria contínua de práticas e ferramentas que auxiliam na otimização de resultado.

Contudo, vale salientar, as tarefas de um PMO são bastante complexas, sobretudo no universo de projetos ágeis. O gerenciamento de projetos deve sempre levar em consideração a estratégia da organização, além de realizar a constante aproximação com todos os envolvidos internos e externos. Somente assim se consegue efetivar o planejamento estratégico da instituição na organização de todos os projetos realizados simultaneamente.

Para iniciar a abordagem de um PMO no universo ágil e realizar sua estruturação, vale destacar dois importantes pontos: (1) ações para a estruturação de um PMO e (2) revisão constante da estratégia organizacional refletida nos projetos. Sobre o primeiro grupo e as ações para a estruturação, destacamos a importância de se considerar a maturidade da instituição e seu modelo de negócio. Também é relevante promover a revisão de uma estrutura possível de PMO ágil, bem como dar atenção ao surgimento de projetos novos, realizando reuniões para sua administração.

O processo de estruturação de um PMO em ambiente de projetos ágeis deve sempre estar focado na correta organização empresarial, considerando todas as necessidades físicas e tecnológicas presentes na instituição. Ainda, deve levar em conta os recursos humanos disponíveis e o planejamento de um fluxo de trabalho e de responsabilidades relativas ao PMO. Sempre que possível, além de sua estruturação, é fundamental promover a revisão de procedimentos já adotados, a fim de checar constantemente sua aderência e sua atualização.

As ações ligadas à revisão periódica de estratégia e planejamento estão ligadas ao monitoramento e acompanhamento dos projetos em si. Essa atenção está associada ao ferramental aplicado no planejamento e à priorização de atividades e de projetos. Nesse sentido, também para esse grupo de ações, a comunicação é fundamental, sempre aliada ao monitoramento da evolução dos pacotes de trabalho efetivados.

Em adição ao PMO, é relevante observar os elementos com potencial de auxiliar na introdução de uma mentalidade ágil, tão necessária para as instituições. A percepção dos benefícios introduzidos pela utilização de uma mentalidade ágil é benéfica para o ambiente empresarial e para os projetos ágeis, ainda, essa prática melhora a percepção dos processos e fluxos organizacionais. Esse olhar diz respeito à mudança de entendimento da organização e de seu comportamento no ambiente global.

Neste ponto, temos de fazer um esclarecimento sobre a metodologia ágil. Muitas organizações, de forma equivocada, assumem que a introdução de um gerenciamento de projetos ágeis acelerará a realização dos projetos. Tais empresas julgam que os métodos ágeis conferem rapidez aos trabalhos em projetos, mesmo no que concerne a atividades que anteriormente já poderiam ser consideradas improdutivas ou equivocadas na organização.

Nesse sentido, o quesito agilidade no universo de projetos ou em qualquer setor organizacional não significa rapidez na tomada de decisão em projetos. Contudo, a introdução de uma mentalidade ágil representa que a empresa leva em consideração os mais diversos elementos de complexidade que nela atuam. Dessa forma, nos mais diferentes procedimentos internos, deve-se considerar a adaptabilidade nesses ambientes. Logo, a mentalidade ágil pode ser mais associada à fluidez, tão necessária no quesito satisfação do cliente externo, do que a procedimentos rígidos e burocráticos já em curso.

Tampouco essa é uma tarefa fácil, pois invariavelmente as organizações desejam criar procedimentos e controlar todas as ações institucionais em prol de um maior domínio das atividades internas. Conforme Camargo e Ribas (2019, p. 99) expõem:

> *É bastante comum encontrarmos organizações pedindo que seus times sejam ágeis e flexíveis, que sejam capazes de absorver mudanças rapidamente e que atuem próximo ao cliente buscando gerar valor para ele. O problema é quando esse pedido vem junto com outro bastante conflitante: querer que os times atuem 'de acordo com o plano' e, caso fujam das restrições estabelecidas, sejam penalizados. É um paradoxo que infelizmente muitos times têm que enfrentar.*

Logo, toda empresa deveria entender essa dualidade e zelar pela coerência de suas decisões relativas à atenção aos projetos. A introdução de uma mentalidade mais focada no cliente do que nos rígidos procedimentos internos contribui para o processo de fidelização deste. Em outros termos, a introdução de uma abordagem ágil para as decisões organizacionais precisa primar por todos os procedimentos institucionais de forma integrada, em vez de consistir em um manual de práticas a serem realizadas para o gerenciamento de projetos.

É muito difícil para uma instituição extremamente rígida no quesito procedimentos aderir a uma abordagem ágil no gerenciamento de projetos. Por isso, a observação dos processos institucionais de forma fluida deve ser realizada gradativamente, por meio de uma série de ações coordenadas que devem atentar para, no mínimo, três diferentes esferas: (1) introdução de uma mentalidade ágil organizacional; (2) criação e manutenção de um PMO ágil; e (3) capacitação dos colaboradores à atenção a ferramentas e técnicas ágeis mais aderentes em cada cenário (PMI, 2017a).

A agilidade introduzida no ambiente organizacional deve ser percebida como uma vital habilidade de conseguir entregar cada vez mais valor ao cliente, mesmo em um ambiente complexo, dinâmico e incerto, tão comum em projetos ágeis. Assim, a adoção de uma mentalidade ágil não evidencia que determinada organização possa concluir um projeto de forma mais rápida que outra, mas indica que nela existe um *mindset* ágil. Esse tipo de percepção está atrelada a uma estrutura com procedimentos e entendimentos que consideram a fluidez e a complexidade do ambiente, na tentativa de satisfazer o cliente final na conclusão do projeto (Camargo; Ribas, 2019).

Muitas instituições, contudo, tendem a manter uma mentalidade exatamente oposta à fluidez e ao foco no cliente, estando mais voltada ao produto interno. Existe aí um conflito com o *mindset* ágil, o que muitas vezes decorre do histórico de tais empresas, cujos controles e práticas eram muito eficientes no passado. Contudo, diante do aumento da complexidade e da concorrência, elas necessitam ressignificar suas práticas obsoletas.

Obviamente, esse tipo de ação não é fácil nem rápida, em virtude da quebra da cultura instituída nas organizações. Mas, ainda assim, é importante perceber que existem algumas ações ou mesmo tarefas que podem não contar com um procedimental estruturado e já controlado na organização. Por outro lado, a introdução de uma mentalidade ágil não significa que na instituição não haja condições mínimas de controle ou falta de procedimentos sincronizados para que a gerência de projetos aconteça (PMI, 2017a).

Isso porque a ausência de controle acarretaria o insucesso e a falência da instituição já no curto prazo. A estruturação de todos os procedimentos adotados na organização é uma condição de sua existência. Contudo, também é importante desenvolver a consciência de que a inclusão de procedimentos rígidos, burocráticos e com pouco retorno carrega consigo a redução da satisfação do cliente e o aumento nos custos para a conclusão de um projeto.

Logo, a inclusão de uma abordagem ágil pode ser compreendida como um elemento necessário nas organizações, mas sua adoção é complexa por conta de ser contrária a algumas práticas já adotadas. Assim, cada organização necessita entender suas práticas e verificar sua pertinência, para, assim, incluir elementos que considerem a complexidade e a fluidez das relações organizacionais da atualidade.

Ainda sobre a introdução de uma mentalidade que contemple a fluidez e a complexidade nas relações e decisões em projetos, outra justificativa para sua inclusão reside na existência de um cenário volátil na atualidade. É importante compreender que o gerenciamento ágil está inserido em uma perspectiva muito maior; assim, as organizações devem entender os cenários para facilitar a tomada de decisão.

Dessa forma, o gerenciamento de projetos realizado atualmente não ocorre de forma separada do mundo organizacional. Pelo contrário, os cenários e os interessados nos projetos atuam de forma a influenciar determinantemente as características do produto final. Logo, entendendo o gerenciamento de projetos e o mundo onde ele está inserido, é necessário introduzir um conceito que justifica as decisões em ambientes ágeis. Um conceito que considera as diversas dimensões existentes no mundo é o

V.U.C.A., que evidencia a compreensão de um universo em mutação e fluido como o observado na contemporaneidade (Camargo; Ribas, 2019). A observação do mundo sob a ótica V.U.C.A. se baseia nos quatro pilares de definição da sigla: em inglês, *volatility* (volatilidade), *uncertainty* (incerteza), *complexity* (complexidade) e *ambiguity* (ambiguidade). Trata-se de uma noção que possui muita aderência à mentalidade ágil necessária nas organizações (Camargo; Ribas, 2019).

A respeito do contexto de sua concepção, essa terminologia teve origem nos Estados Unidos, no início da década de 1990. Esse foi um momento importante, pois esse conceito levava em consideração uma análise multilateral que surgia naquela época e que se tornou bastante relevante décadas depois.

A **volatilidade** refere-se à rápida velocidade com que as alterações institucionais ocorrem no mercado contemporâneo. A inclusão de um produto inovador e o aumento da concorrência nos mais diversos mercados causam volatilidade e, por conseguinte, todas as decisões organizacionais devem levar em consideração essa realidade. Em pouco de tempo, um novo *software* ou a melhoria de um produto podem causar grandes impactos nos mercados, e as estratégias organizacionais se calcam nessa realidade.

A **incerteza**, que também faz parte da observação de mundo pela ótica V.U.C.A., corresponde à existência das dúvidas presentes em todos os mercados e cenários. Podemos também considerar que a incerteza e a volatilidade estão muito próximas e atuam de forma frequente nas instituições. Sobre sua incidência em projetos, ambas introduzem elementos de impacto significativo em custo, cronograma ou qualidade, apenas para citar três áreas. Somente com a realização de um planejamento minucioso e cuidadoso é possível reduzir ou, até mesmo, mitigar os impactos causados por esses dois conceitos que incidem em conjunto em determinado cenário.

A **complexidade** também é um dos componentes do V.U.C.A. e está vinculada à falta de linearidade nos fluxos institucionais. Na prática, essa pouca linearidade é representada pelos impactos ocasionados por eventos que não estão diretamente ligados. Isso quer dizer que não existe um manual de soluções prontas que atenda a todas as realidades e cenários, exatamente em virtude dessa complexidade que causa alta imprevisibilidade no ambiente de projetos.

Para finalizar, o conceito V.U.C.A. também contempla a **ambiguidade**. Ou seja, evidencia a inexistência de um planejamento fechado e eficiente. Todas as decisões e planejamentos estão interligados, não havendo uma métrica concreta para se estabelecer como direcionamento efetivo. A ambiguidade pode causar redução na clareza no universo de projetos ágeis, além de falta de foco. Para não desconsiderar a ambiguidade existente no mercado, é importante aplicar técnicas atualizadas. Isso equivale a dizer que o aprendizado contínuo facilita a tomada de decisão em cenários pouco definidos (Camargo; Ribas, 2019).

Assim, esse conceito não apenas está aderente com o mercado atual, como também evidencia uma ótica que entende o mundo e o gerenciamento de projetos em todas as suas particularidades. Nesse sentido, é importante cristalizar o entendimento de que as metodologias e práticas ágeis não comportam um conceito único e estruturado, mas revelam um olhar cada vez mais curioso e atento a todas as ações que causam impacto nos projetos.

2.2 Origem do gerenciamento ágil e Manifesto Ágil

O gerenciamento ágil pode ser entendido como o resultado de uma evolução do pensamento organizacional observado ao longo de décadas. O conceito de gerenciamento de projetos ágeis não é facilmente identificado nem é consensual no campo de estudos sobre gerenciamentos.

Para que se entenda o gerenciamento ágil, é importante conhecer os pensamentos da atualidade, como a prática moderna de gerenciamento de projetos e a complexidade das relações organizacionais segundo a perspectiva do V.U.C.A., sem esquecer que tais noções são uma parte apenas das evoluções que o pensamento ágil proporcionou.

Para muitos, o cerne do pensamento ágil nas organizações foi introduzido oficialmente pela filosofia *lean*, criada no Japão pela montadora Toyota, depois da Segunda Guerra Mundial. A criação de uma visão de mundo *lean* abriu ramificações para que esse pensamento fosse introduzido nas mais diferentes áreas, como o *lean thinking* (Camargo; Ribas, 2019).

A filosofia *lean* foi um desdobramento da preocupação inicial de promover a otimização extrema dos processos produtivos. Sua utilidade prática estava mais voltada para a linha de produção, ganhando, com o passar dos anos, diversos outros campos de atuação (PMI, 2017b).

De forma geral, essa filosofia está atenta aos recursos e ao modo como eles podem ser introduzidos a fim de que seja possível utilizar todo o seu potencial. Consoante a essa visão, foi desenvolvido o conceito de **utilização consciente**, segundo o qual apenas os recursos estritamente necessários devem ser utilizados.

Nesse sentido, a filosofia *lean* ganhou muitos adeptos, por reduzir o desperdício e promover a utilização total dos recursos disponíveis. Tal pensamento se alinha ao que a governança corporativa preza. Com o passar das décadas, aderiram a esse pensamento cada vez mais praticantes, alçando de uma simples prática empregada na linha de montagem para uma filosofia de vida.

A identificação de um *lean thinking* logo foi justificada como prática de mercado. Em tradução livre para o português, o *lean thinking* seria algo como "pensamento enxuto". Essa linha de raciocínio foi bem-aceita nos escritórios, fazendo o *lean* adentrar em novos campos de atuação.

Uma premissa do *lean thinking* é a utilização assertiva e consciente dos recursos, conferindo agilidade às práticas empresariais. Dessa forma, essa linha de pensamento ganhou muitos adeptos e práticas que puderam ser realizadas em todo o mundo.

A seguir, apresentamos na Figura 2.1 um esquema que elucida de forma bastante didática a origem e a associação entre as práticas ágeis e a filosofia *lean* existente no mercado:

Figura 2.1 – Gerenciamento ágil de projetos e filosofia *lean*

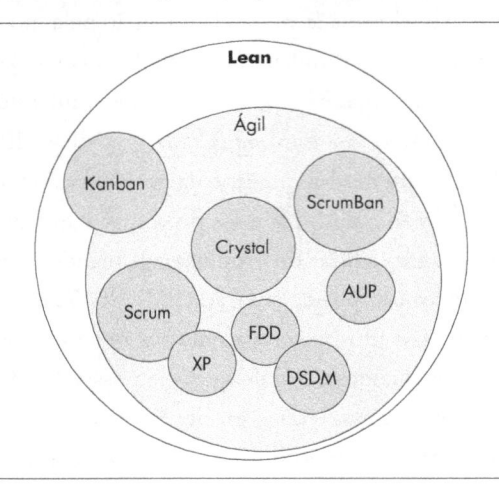

[Figura: Diagrama de círculos concêntricos. Círculo externo: Lean. Círculo interno: Ágil, contendo Kanban, ScrumBan, Crystal, Scrum, AUP, FDD, XP, DSDM.]

Fonte: PMI, 2017b, p. 11.

A figura ilustra que dentro de suas bases de atuação, a filosofia *lean* leva em conta tudo o que se considera pensamento ágil nos contextos empresariais. A isso estão diretamente vinculadas práticas, *frameworks* e ferramentas ágeis, as quais pertencem inicialmente ao pensamento *lean*.

O esforço para introduzir elementos da linha de pensamento *lean* no gerenciamento de projetos é recente. Em sua origem, a filosofia *lean* estava bastante alinhada com o sistema produtivo, especialmente no que tangia aos estoques e à linha de montagem do mercado automotivo. Todavia, na prestação de serviços, sempre existiu esse esforço de redução de atividades pouco produtivas e a conscientização na utilização de recursos. Foi possível, então, perceber um possível associação entre o esforço de aumento de produtividade, a redução de desperdício e os conceitos introduzidos pela filosofia *lean*.

Como justificativa para a utilização de práticas enxutas, simples e que realmente asseguram benefício para o cliente final, o gerenciamento de projetos ágeis encontrou muita justificativa nos conceitos da filosofia *lean*. Assim, características como fluidez, rapidez, otimização de resultado e complexidade foram a evolução natural da articulação desse tipo de pensamento com práticas de mercado já existentes.

Um marco importante dessa associação foi a criação do Manifesto Ágil. Assim, os diferentes conceitos e filosofias ensejaram o surgimento do gerenciamento de projetos ágeis como consequência de um gerenciamento de projeto tradicional, ligado a procedimentos e à atenção minuciosa a áreas fixas de gerenciamento.

Nessa perspectiva, a filosofia *lean*, atrelada ao pensamento V.U.C.A. e ao Manifesto Ágil, foi determinante para que as práticas ágeis fossem compostas.

O Manifesto Ágil foi elaborado em de 2001, na cidade de Snowbird, nos Estados Unidos. Na ocasião, 17 pessoas ligadas mais diretamente à área de tecnologia de informação fizeram uma declaração de princípios que apresentava suas percepções de mundo, bem como as relações entre organizações (PMI, 2019).

Essa declaração apresentou as bases para o gerenciamento de projetos ágeis como concebido atualmente. O principal motivo para a confecção desse documento foi exatamente a busca pelo entendimento sobre o fracasso nos projetos. Era visível a existência de uma grande gama de projetos que não obtinham sucesso, mesmo seguindo rígidos controles e procedimentos. Assim, esse grupo de pessoas se debruçou sobre tal temática e elaborou uma declaração por meio da qual repensaram as práticas de projetos correntes na época. Esse grupo de pessoas era formado por: Kent Beck, Mike Beedle, Arie van Bennekum, Alistair Cockburn, Ward Cunningham, Martin Fowler, James Grenning, Jim Highsmith, Andrew Hunt, Ron Jeffries, Jon Kern, Brian Marick, Robert C. Martin, Steve Mellor, Ken Schwaber, Jeff Sutherland e Dave Thomas (Manifesto..., 2021).

Apesar de todas essas figuras serem consideradas muito importantes para a área de desenvolvimento de *software* e gerenciamento de projetos de tecnologia da informação, o Manifesto Ágil não ficou restrito a esse campo evem ganhando outros praticantes e pensadores nas mais diversas áreas na atualidade. Ele pode ser considerado uma síntese de pensamentos organizacionais preocupados com a complexidade e fluidez das relações institucionais*.

Assim, ao adequar completamente vários anseios existentes no gerenciamento de projetos, essa declaração também pode ser entendida como uma forma de observar e se posicionar em relação aos projetos organizacionais. Na área de desenvolvimento de *software*, o Manifesto Ágil vem sendo utilizado como justificativa para a tomada de decisão no ambiente de projetos.

O manifesto contempla diferentes valores e princípios que possuem bastante aderência com as práticas de gerenciamento de projetos no mundo global. Ele também pode ser compreendido como um olhar sobre o gerenciamento de projetos, aliado à observação das relações empresariais e de como elas acontecem.

Especificamente, o Manifesto Ágil (2021) é composto de 4 valores e 12 princípios. Sobre os valores, podemos observar um foco principal e outro secundário como premissas da declaração, que são:

1. Indivíduos e suas interações acima de procedimentos e ferramentas.
2. Funcionamento do *software* acima de documentação abrangente.
3. Colaboração com o cliente acima da negociação e do contrato.
4. Capacidade de resposta a mudanças acima de um plano preestabelecido.

Realizando a estratificação e separando os pontos de atenção principais dos pontos de atenção secundárias, o Manifesto Ágil apresenta os seguintes pontos principais:

1. Indivíduos e suas interações.
2. Funcionamento do *software*.
3. Colaboração com o cliente.
4. Capacidade de resposta a mudanças.

---

* Para acessar na íntegra o Manifesto Ágil, acesse a página: MANIFESTO para Desenvolvimento Ágil de Software. Disponível em: <http://agilemanifesto.org/iso/ptbr/manifesto.html>. Acesso em: 11 fev. 2021.

Já os pontos secundários são:

1. Procedimentos e ferramentas.
2. Documentação abrangente.
3. Negociação e contrato.
4. Plano preestabelecido.

Também é muito importante elucidar que o manifesto não prega a falta de controle ou a ausência de procedimentos mínimos que deem solidez ao relacionamento organizacional. Pelo contrário, a utilização de metodologias e técnicas leves de gerenciamento de projetos necessita de rituais e procedimentos muito específicos e que, se não realizados, podem comprometer de forma decisiva o gerenciamento de projetos.

Contudo, o manifesto faz emergir em sua relevância a fluidez, a flexibilidade. Deve haver a compreensão de que as relações entre diferentes empresas devem dar espaço a certo nível de flexibilidade, para que seja possível atender de forma completa ao cliente final. Essa forma de qualificar os projetos e suas particularidades facilita a tomada de decisão e garante maior possibilidade de solidificar a relação entre cliente e fornecedor.

De modo mais claro, as práticas e o gerenciamento de projetos não podem representar um procedimento documentado com centenas de páginas e rígida regulamentação, uma vez que em cenários muito burocráticos e rígidos, a evolução dos pacotes de trabalho é onerosa e pouco lucrativa. Os procedimentos para a tomada de decisão no ambiente de projetos devem levar em conta a volatilidade e o dinamismo na ação imediata a cada realidade. Vale salientar, porém, que a existência de um controle é fundamental para que o histórico de ações seja minimamente observado na tomada de ações futuras. Isso não significa que tal controle deva enrijecer a relação com o cliente no projeto (Massari, 2018).

O Manifesto Ágil também é composto de 12 princípios que aprofundam a observação introduzida pelos quatro valores. Tais princípios estão elencados a seguir (Princípios..., 2021):

1. Garantir a satisfação do cliente, entregando rápida e continuamente *software* funcional.
2. Até mesmo mudanças tardias de escopo no projeto são bem-vindas.
3. O *software* funcional é entregue frequentemente (semanal ou mensal – no menor intervalo possível).
4. Cooperação constante entre as pessoas que entendem do negócio e os desenvolvedores.
5. Projetos surgem graças a indivíduos motivados, devendo existir uma relação de confiança entre eles.
6. A melhor forma de transmissão de informação entre desenvolvedores é por meio da conversa cara a cara.
7. O *software* funcional é a principal medida de progresso do projeto.
8. Novos recursos de *software* devem ser entregues constantemente. Clientes e desenvolvedores necessitam manter certo ritmo até a conclusão do projeto.
9. O *design* do *software* deve prezar pela excelência técnica.
10. Deve-se primar pela simplicidade.
11. As melhores arquiteturas, requisitos e *designs* emergem de equipes auto-organizáveis.
12. Em intervalos regulares, a equipe deve refletir sobre como se tornar mais eficaz e, então, refinar e ajustar seu comportamento.

Sobre a incidência constante do termo *software*, é necessário observar que os membros criadores da declaração são oriundos da área de tecnologia de informação como ramo de atividade principal, como já informado. Entretanto, a abrangência do manifesto é muito maior, e se o documento for considerado por organizações de outras áreas, poderá otimizar os resultados na experiência com projetos.

Tanto os princípios quanto os valores do Manifesto Ágil são inter-relacionados e complementares, introduzindo uma nova visão de mundo e de projetos não considerada em outras épocas. Assim, essa declaração aliou conceitos de flexibilidade, agilidade, colaboração mútua e priorização da satisfação do cliente, tidos atualmente como premissas para muitas instituições. Tais conceitos também podem ser associados à filosofia *lean* de forma complementar à evolução das práticas empresariais.

2.3 Ciclo de vida de projetos ágeis e ambiente de aplicação

A relação entre as empresas e os projetos nela realizados fica mais evidenciada em um ambiente ágil, em que existe considerável atuação de volatilidade e complexidade. Assim, a compreensão dos ciclos de vida e de como as organizações são impactadas contribui para a tomada de decisão.

Saber como os ciclos de vida em projetos ágeis são compostos auxilia no bom gerenciamento do projeto. Tanto nos ambientes em que são empreendidos projetos preditivos quanto naqueles que ocorrem os adaptativos, a compreensão dos fundamentos do projeto é de grande valia na tomada de decisão. Especificamente sobre o ciclo de vida, é valido detalharmos impactos e tarefas relacionais em um ambiente ágil.

Salientamos que os projetos com ciclos de vida preditivos tendem a ser mais lineares no quesito conhecimento de escopo; com efeito, todas as outras áreas de gerenciamento são monitoradas de forma mais clara. Já os projetos adaptativos tende a ser mais flexíveis, abarcando situações em que não se sabe exatamente as características de um produto ou serviço, mas se dispõe de conhecimento sobre a expectativa dos interessados. Dessa forma, para projetos adaptativos, é importante considerar certo nível de incerteza natural, uma premissa dessa conjuntura (PMI, 2017b).

Como já analisamos, o ciclo de vida consiste em uma série de fases de um projeto (PMI, 2017a). Naqueles projetos do tipo tradicional, é fácil realizar a análise e entender em que parte os trabalhos a equipe se encontra. Contudo, para os projetos ágeis, existem mais possibilidades, e o entendimento precisa ser bem fundamentado.

Em um projeto de ambiente ágil, não é fácil sequenciar todas as atividades e realizar planejamentos lineares, em virtude do número de incertezas que existem e interferem no projeto nas mais diversas áreas, como escopo, custo e cronograma. Assim, os ciclos de vida devem abranger esse tipo de flexibilidade, que confere ao gerenciamento ágil maior espaço para a volatilidade na tomada de decisão.

Em projetos ágeis, ainda não existe um consenso entre os pensadores a respeito de quantos e quais são os ciclos de vida existentes. Todavia, para se desenvolver um olhar sobre os ciclos de vida em projetos, é comum destacar quatro ciclos mais observados na literatura: (1) ciclo de vida preditivo; (2) ciclo de vida iterativo; (3) ciclo de vida incremental; e (4) ciclo de vida ágil (PMI, 2017b).

Nesse sentido, é essencial fazer uma análise integral para verificar as diferenças e particularidades existentes em cada um dos ciclos identificados. De acordo com Camargo e Ribas (2019), não é possível identificar um ciclo de vida que possa ser qualificado como correto para todas as ocasiões em um universo ágil. Afinal, o ciclo de vida está sujeito às mudanças visualizadas no projeto, bem como à quantidade e à frequência com que as entregas do projeto são realizadas.

O ciclo de vida preditivo, apesar de não possuir aderência prática com projetos ágeis, é citado na literatura específica por ser a base introdutória de projetos. Para que ele opere, é importante obter informações mais solidificadas sobre o escopo, dentre diversas outras áreas de gerenciamento. Assim, a seguir, no Gráfico 2.1, esquematizamos a relação entre a frequência de entregas e o grau de mudanças; esse instrumento aponta qual ciclo de vida pode ser mais adequado a realidade (PMI, 2017).

Gráfico 2.1 – Ciclos de vida de um projeto ágil

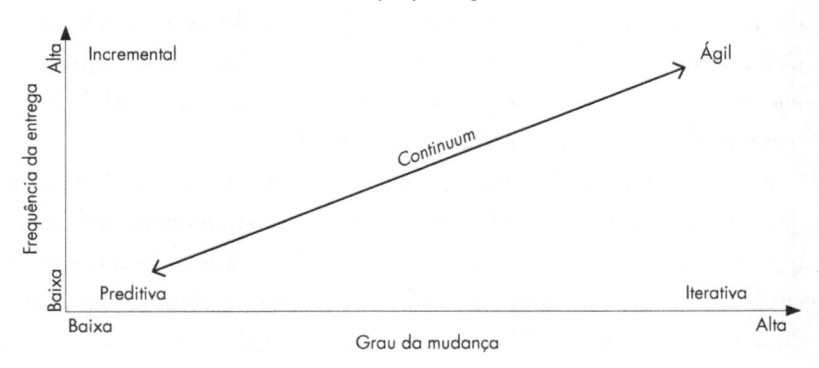

Fonte: PMI, 2017b, p. 19.

O gráfico mostra os limites que auxiliam no enquadramento das abordagens possíveis para com projetos. Assim, é importante escolher qual ciclo de vida será observado, em função da relação entre as alterações e a quantidade de entregas do projeto.

A respeito dos encaminhamentos práticos com relação às ações em projetos, diferentemente do que ocorre com os ciclos preditivos, os ciclos de vida adaptativos permitem mais ações de *feedback* sobre a evolução das atividades e maior comunicação com o gerente de projeto.

2.3.1 Ciclos de vida preditivo e adaptativo

O **ciclo de vida preditivo** pode ser identificado como o mais tradicional, apresentando a seguinte singularidade: os projetos precisam de um nível de informações maior com relação a escopo, custo e recursos necessários para as atividades relacionadas aos pacotes de trabalho. Portanto, esse ciclo é mais aderente a projetos que apresentam maior nível de previsibilidade (PMI, 2017b).

Entretanto, isso não significa que alterações ou mudanças não possam ocorrer no projeto. Pelo contrário, indica que as mudanças que podem impactar o projeto ao longo do tempo serão mais circunstanciais do que em outros ciclos de vida. Assim, em uma escala imaginária de informações sobre o projeto ágil, no ciclo preditivo se concentram os projetos com maior nível de informações, ou seja, menos incertezas a respeito do resultado final do projeto.

Assim, conforme o guia PMBOK (PMI, 2017a), o ciclo de vida preditivo corresponde àquele em que informações sobre prazo, escopo e custos, por exemplo, são identificadas logo no início das atividades. As mudanças que impactam o projeto são minuciosamente gerenciadas. Dessa forma, para diversos autores, os ciclos preditivos também podem ser chamados de *ciclos de vida em cascata*.

Esse ciclo pode ser considerado o mais utilizado em projetos tradicionais. Todavia, para que funcione, são imprescindíveis informações a respeito das entregas do projeto, definidas logo no início. Com isso, os eventos que impactam o projeto podem ser gerenciados gradativamente. Já nos outros ciclos ágeis, as entregas do projeto são realizadas conforme as iterações existentes à medida que as atividades progridem. Nesse sentido, o escopo em projetos ágeis é detalhado e totalmente definido conforme as iterações vão acontecendo.

Contudo, há projetos híbridos, ou seja, que combinam elementos de ciclos ágeis e ciclos preditivos. Isso acontece porque as informações aderentes a projetos tradicionais, como as relativas a escopo, qualidade e tempo, podem ser unidas a iterações visualizadas no universo de projetos ágeis.

Nos ciclos preditivos, é grande a quantidade de informações sobre o escopo do produto. Assim, a preocupação da equipe envolvida no projeto se volta para questões práticas sobre qualidade, custo e cronograma, entre outros fatores. Isso permite proceder aos controles, mecanismos próprios desse tipo de projetos.

O controle possibilita monitorar as informações referentes a riscos identificados no projeto. Dessa forma, viabilizam-se os controles e as organizações, bem como a identificação de riscos futuros e a delegação de responsáveis para cada ação relacionada a riscos. Em suma, os ciclos preditivos dependem das informações e, por conseguinte, concentram-se nos riscos de projetos.

Quanto maior for a quantidade de informações concernentes aos projetos e aos envolvidos, mais se justificará a a utilização de um ciclo de vida preditivo. Os projetos que seguem tal ciclo são normalmente têm nível diminuto de mudanças em seu escopo, por conta da maior quantidade de informações sobre ele. Ainda, eles demonstram maior sincronia com os interessados, uma vez que permitem monitorar de forma mais controlada o escopo do projeto e visualizar de que forma o projeto atenderá às necessidades dos envolvidos (PMI, 2017b).

Já os **ciclos adaptativos** prescindem de um maior número de planos dos requisitos iniciais do projeto. Eles gradualmente vão construindo os objetivos do projeto e possibilitando, assim, visualizar o escopo de forma mais detalhada com o progresso das atividades. Sob essa ótica, os ciclos de vida preditivos e adaptativos têm particularidades relacionadas com o nível de planejamento existente em cada um, bem como no que diz respeito a seu nível de incerteza (Massari, 2018).

Tecnicamente, a linha de base do escopo para os projetos preditivos conta com um maior detalhamento, se comparada aos demais ciclos. Ela pode ser considerada uma versão aprovada da declaração do escopo do projeto. Além dela, a estrutura analítica do projeto (EAP) e o dicionário da EAP são instrumentos muito úteis para a tomada de decisão. Tais instrumentos e informações são importantes para os projetos preditivos, que precisam desses dados para evoluir com as atividades do projeto. Assim, alguns controles serão possíveis somente se forem utilizados em projetos preditivos, e não em projetos ágeis.

O que pretendemos aqui é apresentar as diferenças e similaridades existentes entre os diversos ciclos, não existindo um que possa ser considerado correto ou errado. Optamos apresentá-los porque é importante conhecê-los para deles extrair todos os benefícios que podem entregar ao ambiente de projetos.

Entretanto, não estamos aqui afirmando que os projetos preditivos possuem controles e os adaptativos são realizados de forma descontrolada. Pelo contrário, nos projetos preditivos, os controles e o planejamento levam em consideração um rol de informações e documentos que são inexistentes em projetos ágeis. Para projetos ágeis ou adaptativos, o ciclo de vida possibilita a criação de controles e documentos após a realização de diversas iterações.

Em projetos preditivos, o nível de detalhamento dos controles é maior, fomentando a tomada de decisão com base nas informações já conhecidas. Esse tipo de realidade facilita o controle da expectativa dos envolvidos, que conhecem previamente o escopo do projeto e sabem de que maneira os riscos podem impactar algum âmbito.

2.3.2 Ciclos de vida incrementais e interativos

Os projetos incrementais ou iterativos pertencem ao universo ágil, pois necessitam de iterações para serem concluídos. Tais iterações devem ocorrer ao longo de todo o projeto. Afinal, por óbvio, não existem informações detalhadas sobre o projeto logo em seu início. Todavia, para visualizar o escopo completo do projeto, faz-se necessária a realização de diversas iterações. Assim, há um espaço onde não se conhece a totalidade do escopo do projeto e a necessidade dos interessados (PMI, 2017b).

Por esse motivo, é preciso haver flexibilização das decisões no projeto, aliado ao controle necessário, a fim de que as atividades não se percam durante seu andamento. Para que um projeto aderente a essa realidade progrida, é importante observá-lo com a utilização dos ciclos de vida incrementais ou iterativos.

No âmbito organizacional, existem projetos com maior detalhamento sobre seu escopo, mas há também aqueles em que não estão expressas todas as características do produto final. Assim, quanto maior for a dinamicidade do escopo, mais célere será a resposta ao progresso das atividades. Para esses projetos mais dinâmicos, a escolha de um ciclo de vida incremental e iterativo parece ser mais adequada.

Mais especificamente sobre os projetos com ciclos de vida incremental, é possível perceber a necessidade de promover um grande relacionamento entre os envolvidos. Isso porque, nesses ciclos, existe uma entrega final, porém, as características finas do escopo do projeto somente serão conhecidas após as iterações. Em cada uma delas, detalhes são acrescidos ao escopo final do projeto, e a cada incremento, mais controles devem acontecer, para que seja possível alcançar o sucesso na experiência com projetos (Camargo; Ribas, 2019).

Em outras palavras, nesse tipo de projeto, deve-se estar aberto ao diálogo e à percepção de que, para cada envolvido, há um entendimento importante, e é no relacionamento entre todos que o projeto final pode ser realizado. Tais iterações são necessárias por conta de a equipe destinada ao projeto conhecê-lo em suas minúcias. Projetos dessa natureza contam com um elevado nível de variabilidade e, por isso, devem se valer de um ciclo que contemple essas particularidades. Nesse sentido, o ciclo incremental é tido como a melhor opção no universo de projetos.

Para esse tipo de projeto, é crucial a análise dos riscos que incidem sobre ele. Assim, a respeito da relação entre os riscos, o ambiente em que ocorre o projeto ágil e o ciclo incremental, o PMI (2017b, p. 94) observa que:

Ambientes de alta variabilidade, por definição, incorrem em mais incerteza e risco. Para resolver isso, os projetos gerenciados por abordagens adaptativas fazem uso de revisões frequentes de produtos de trabalho incremental e de equipes de projeto multifuncionais para acelerar o compartilhamento do conhecimento e garantir que os riscos sejam compreendidos e gerenciados. Os riscos são considerados na seleção do conteúdo de cada iteração, e os riscos também serão identificados, analisados e gerenciados durante cada iteração.

Contudo, vale salientar que, além do prisma do risco, todas as outras áreas de gerenciamento de um projeto devem ser avaliadas, independentemente do ciclo de vida que está sendo utilizado. No caso dos projetos ágeis, a área de gerenciamento de comunicação é vital, justamente porque as iterações necessitam de comunicação. É por meio desse processo que o escopo do projeto é construído e que se percebem todas as características do produto final.

Essa é uma responsabilidade do grupo gerenciador do projeto, que, em um ambiente onde existe grande nível de fluidez nas decisões, recorre à comunicação para que toda a equipe entenda o que está sendo realizado e para onde os trabalhos estão evoluindo. A coordenação de entendimento do escopo, da realidade visualizada no ciclo de vida e da expectativa do cliente deve ser mensurada pelo gerente do projeto ou pela equipe indicada.

A respeito do ciclo incremental, como a entrega final é construída mediante as iterações, gradualmente ficam mais claras as minúcias do produto do projeto. Ao final do trabalho, os envolvidos devem averiguar se as necessidades dos envolvidos foram completamente sanadas, para, assim, concluir o projeto (Camargo; Ribas, 2019).

Há algumas semelhanças e diferenças entre os ciclos de vida iterativos e os incrementais. De acordo com o guia PMBOK (PMI, 2017a), o ciclo iterativo é adequado aos projetos ágeis porque, também para eles, existe uma noção do produto final do projeto logo no início dos trabalhos. Todavia, as estimativas de tempo e custo, entre várias outras áreas, são constantemente alteradas à medida que aumenta o nível de compreensão do projeto final. Para tanto, nesse tipo de ciclo de vida, há uma série de iterações que auxiliam a equipe a construir uma noção mais detalhada sobre o projeto como um todo.

Sob essa ótica, é possível identificar uma importante semelhança entre os projetos que se utilizam de ciclo de vida incremental e dos que se valem dos iterativos. Contudo, o número de entregas realizadas pelo projeto é sensivelmente diferente entre eles. Enquanto os projetos incrementais verificam a existência de entregas menores, mas aderentes ao que o cliente necessita, nos projetos iterativos, é prevista uma única entrega ao final do projeto, com todo o produto desenvolvido.

Isso ocorre porque nos projetos incrementais existe maior detalhamento de todo o escopo, dando vias a um número maior de entregas que, ao final, comporão o projeto como um todo. Isso quer dizer que, nesses projetos, o processo de entrega é célere. Assim, são apresentadas ao cliente exatamente as partes já homologadas do que a equipe do projeto está desenvolvendo.

Já em projetos iterativos, não há um nível elevado de identificação sobre o escopo do projeto, o que reduz o número de entregas ao longo do progresso das atividades. Logo, são demandadas análises rotineiras sobre a evolução do projeto e do escopo, causando alterações e adequações a todo o momento. Esse tipo de projeto é considerado bastante dinâmico, uma vez que existe uma grande necessidade de correção ao longo de sua implementação, até que a parte do projeto atenda completamente aos interessados.

Dessa forma, as iterações são de grande valia para projetos dessa natureza, já que as características identificadas para o projeto precisam estar em consonância com a necessidade do cliente. Então, para que esse trabalho seja realizado de forma plena, é premente a habilidade de comunicação.

Com a intenção de obter êxito na experiência com esse tipo de projetos, o ciclo entre as iterações deve ser curto, fixo e possibilitar uma grande comunicação entre os envolvidos, para identificar as reais necessidades, as características e os riscos. Conforme se visualiza o aumento dessas iterações, deve-se proceder a uma revisão, com o fito de solidificar os caminhos percorridos pelo projeto.

Alguns profissionais desse tipo de projeto chamam o trabalho de revisão de *retrospectiva*; nele, além de realizar um importante alinhamento entre os envolvidos com vistas ao resultado do projeto, é possível promover a solidificação das ações tomadas anteriormente. Esse tipo de ação é válido para qualquer tipo de projeto. Entretanto, considerando os projetos ágeis, a documentação da evolução das características do escopo do projeto permite controlar, em certa medida, a evolução do trabalho realizado (Cruz, 2013).

Assim, de certa forma, o progresso dos trabalhos em projetos ágeis está intimamente ligado à evolução das características do projeto em si. Todavia, enquanto nos ciclos iterativos existe a necessidade de se realizar uma grande entrega ao final, para os ciclos incrementais existem várias entregas oficiais que conferem ao cliente uma noção refinada do resultado do projeto.

2.3.3 Ciclo de vida ágil

No universo de projetos, existe outro ciclo de vida, intitulado *ágil*. Os projetos aderentes a esse tipo apresentam particularidades as quais não podem ser atendidas plenamente nem pelos ciclos de vida incrementais nem pelos iterativos. Isso ocorre porque os projetos pertencentes ao ciclo de vida ágil necessitam de uma combinação entre os dois ciclos já citados.

Na prática, de acordo com o PMI (2017b, p. 19), existe uma combinação de elementos de ciclos iterativos e incrementais para os projetos ágeis. Assim:

> *Aproveitam de ambos os aspectos das características iterativas e incrementais. Quando as equipes usam abordagens ágeis, fazem interações no produto para criar entregáveis finalizados. A equipe ganha* feedback *antecipado e proporciona visibilidade, confiança e controle do produto ao cliente. Como a equipe pode entregar o produto antes, o projeto pode fornecer um retorno sobre o investimento mais cedo, porque a equipe entrega o trabalho de maior valor primeiro.*

Portanto, nas organizações nas quais são utilizados projetos ágeis, existe a possibilidade de verificar diversas alterações de escopo durante o progresso das atividades. Para que tais alterações sejam plenamente aceitas pelo cliente final, é importante haver um contato frequente. A proximidade com os interessados finais torna natural o processo de homologação, não cabendo para esse momento do projeto a discussão sobre uma parte importante do escopo (Camargo; Ribas, 2019).

Assim, nos ciclos de vida em projetos ágeis, a equipe do projeto realiza iterações constantes com os envolvidos e, quanto mais frequentes e assertivas elas forem, maior será a possibilidade de obter sucesso no projeto. A proximidade com o cliente conferirá mais chances de organização e de controle de todo o projeto. Logo, a equipe tem mais condições de realizar as entregas maiores do projeto, obtendo aprovação nos momentos iniciais. As partes do projeto e de seu escopo que precisam de atenção especial podem ser analisadas inicialmente, permitindo que se ganhe tempo para as outras adequações que podem se fazer necessárias.

Dito de outro modo, os ciclos de vida ágeis relacionam-se com os ciclos incrementais e iterativos, e dialogam com o Manifesto Ágil, pois foca o cliente e as iterações que podem auxiliar na visão geral do projeto. Assim, apresentamos resumidamente no Quadro 2.1 as características dos ciclos de vida observados em projetos ágeis, nos quais a adaptação e a flexibilização ganham papel importante.

Quadro 2.1 – Comparativo entre ciclos de vida de projetos ágeis

Ciclo de vida	Requisitos	Atividades	Entrega	Objetivo
Preditivo	Fixos	Realizado uma vez no projeto	Única	Gerenciar o custo
Iterativo	Dinâmicos	Repetido até estar correto	Única	Correção da solução
Incremental	Dinâmicos	Realizado uma vez para cada incremento	Entregas menores e frequentes	Velocidade
Ágil	Dinâmicos	Repetido até estar correto	Entregas menores e frequentes	Valor do cliente pelas entregas e *feedbacks* frequentes

Fonte: PMI, 2017b, p. 18.

Ratificamos que não existe um ciclo de vida ideal para todos os projetos, tampouco um que possa ser considerado correto ou errado. A utilização deles deve ser orientada pelas características do projeto e dos envolvidos, bem como pela complexidade do produto. Em diversos ambientes ágeis, podem existir projetos operando em cada um dos ciclos existentes, conforme as características do ambiente geral.

2.3.4 Ambiente de aplicação dos projetos ágeis

Muitos estudos, técnicas, ferramentas e conceitos concentram-se na análise de como um projeto pode se comportar. Contudo, muito do impacto causado pelo projeto refere-se ao próprio ambiente em que ele está acontecendo. Por isso, a compreensão desse ambiente é importante, pois de antemão será possível levantar um rol de informações que podem auxiliar na decisão tomada no projeto (PMI, 2017a).

Assim é porque o ambiente organizacional influencia diretamente o projeto e também é influenciado por ele em uma via de mão dupla. Eis aí a razão para se analisar como está funcionando o ambiente do projeto, pois isso permite compreender os riscos dos projetos e, assim, de forma proativa, tomar as devidas providências cabíveis.

Tanto os projetos em si quanto os ambientes apresentam peculiaridades. A equipe precisa entender tais particularidades de cenário e, com base nisso, realizar as iterações possíveis e atender aos objetivos do projeto. Assim, é premente a visualização correta dos interessados no projeto quanto à identificação do cenário em si.

Para auxiliar nessa tarefa, foi criado um *framework* que esboça como está composto o cenário em que ocorre determinado projeto. Esse *framework* é chamado de *Cynefin*, modelo que ilustra cinco diferentes tipos de cenários institucionais. Ele foi criado por David John Snowden e observa as características organizacionais com o propósito de identificar os impactos em um projeto ágil.

O Cynefin é composto de cinco diferentes ambientes: (1) simples, (2) complicado, (3) complexo, (4) caótico e (5) desordenado. Essa classificação por si aponta o estado do ambiente, indicando riscos para o projeto (Kurtz; Snowden, 2003).

Na prática, em projetos realizados em ambientes **simples**, o Cynefin evidencia os problemas encontrados e sugere soluções. Isso pode acontecer graças à alta experiência da equipe nesse tipo de projeto. Assim, as motivações de certas decisões e seus efeitos são identificados, oferecendo de antemão informações sobre determinado risco (Camargo; Ribas, 2019).

Projetos preditivos e pertencentes a esse ambiente apresentam maior possibilidade de organização e controles documentados, pois os problemas acontecem de forma recorrente. Por isso, em certa medida, há um considerável leque de respostas que auxiliam na devida mediação evidenciada. Para os profissionais alocados nesse ambiente, há boas oportunidades de adquirir experiência, já que a previsibilidade colabora para o ganho de habilidades e o treinamento de respostas.

Por outro lado, nos ambientes **complicados**, é necessária uma grande capacidade analítica por parte dos envolvidos. Nesse ambiente, a incidência de riscos é quantificada; logo, os problemas são realmente conhecidos, embora haja um elevado grau de dificuldade em sua resolução. Organizações com ambientes assim caracterizados necessitam contar com profissionais altamente especializados, uma vez que as respostas aos problemas não são necessariamente simples (Camargo; Ribas, 2019).

A relação com ambientes simples é que, neles, as possibilidades de respostas são únicas, abrindo espaço para a especialização em determinado setor do projeto. Contudo, em ambientes complicados, há diferentes possibilidades de respostas a determinado problema, sem que seja razoável detectar qual é ou quais são as respostas corretas; portanto, existem múltiplos caminhos para a tomada de decisão, e mais de um pode ser considerado eficaz. Para facilitar nesse processo, nos ambientes complicados, via de regra, as decisões de projeto são justificadas pela opção de melhor custo e rápida execução.

Nos ambientes organizacionais **complexos**, segundo Camargo e Ribas (2019, p. 87), "existem diversas hipóteses quanto ao problema. Não sabemos o que levará até o resultado que queremos, mas podemos efetuar uma série de experimentos para validar nossas respostas". Assim, nesses ambientes, a equipe tem de desenvolver uma grande percepção e sensibilidade para chegar à melhor decisão.

Em ambientes dessa natureza, deve haver espaço para a experimentação necessária para os projetos. Somente por meio dela se pode intuir qual resposta obtém o melhor resultado em determinada situação. Nesse sentido, há pouca previsibilidade para supor o real resultado do experimento, o que demanda comunicação e identificação dos envolvidos.

Nos ambientes classificados como **caóticos**, existe incerteza e instabilidade constante. Logo, é um trabalho muito árduo identificar a relação de causa e efeito no projeto. Nesses ambientes, há grande fluidez e instabilidade nas decisões, o que exige da equipe grande esforço para atender aos objetos previamente estipulados.

Por fim, o cenário **desordenado** representa a total falta de informações sobre o ambiente em que o projeto está sendo realizado. Nesses ambientes organizacionais, a integração, a comunicação e o gerenciamento do projeto são vitais, para que seja possível, posteriormente, entender em qual cenário o projeto está alocado.

Em síntese, o *Framework* Cynefin apresenta cinco diferentes cenários onde os projetos podem acontecer, conforme indicado na Figura 2.2.

Figura 2.2 – Ambientes organizacionais de acordo com o *Framework* Cynefin

Complexo	**Complicado**
Decisão: sonda, sente e responde	Decisão: sente, analisa e responde
Desordenado	
Caótico	**Simples**
Decisão: age, sente e responde	Decisão: sente, categoriza e responde

Fonte: Elaborado com base em Kurtz; Snowden, 2003.

Para atender a todas as situações em projeto, existe a possibilidade de agir de acordo com cada uma ou segundo cada ambiente em que o projeto está inserido. Assim, as decisões podem ser realizadas tanto de forma estruturada quanto analítica ou, até mesmo, de maneira sensitiva. A identificação do cenário constitui um importante norteamento para que as decisões posteriores estejam pareadas à estrutura ambiental na qual o projeto está alocado.

2.4 Projetos ágeis na prática

Não existe uma publicação clássica que oriente o gerenciamento de projetos ágeis. Até mesmo por que, se existisse, seria antagônica ao que o gerenciamento ágil sempre prega. Complexidade, agilidade e volatilidade são elementos resistentes à centralização de informações nas práticas ágeis. Entretanto, evidentemente, existem vários autores consagrados e práticas de mercado com capilaridade mundial.

Vários atos, publicações e práticas auxiliaram na trajetória de desenvolvimento do gerenciamento ágil e também são utilizadas em ambientes ágeis. De qualquer modo, é válido conhecer as possibilidades ágeis que dão eficiência a ambientes voláteis e complexos como o de projetos. Por isso, abordaremos aqui as técnicas aderentes no mercado global. Como inexiste uma publicação central, recorreremos a várias práticas que orientam o trabalho em projetos, principalmente aqueles de melhoria de processos.

O planejamento constitui um momento crucial nos projetos ágeis. Nessa fase, deve-se atentar para possíveis mudanças futuras. Isso porque, nesse tipo de projeto, a volatilidade é constante, e podem acontecer diversos eventos que impactam consideravelmente o projeto.

Diferentemente dos projetos preditivos e tradicionais, em que se pode definir mais claramente as etapas de início e de planejamento, em projetos ágeis, muitas vezes é difícil visualizar de forma tão clara esses diferentes momentos. Alguns mecanismos de identificação inicial são importantes, até mesmo para confirmar a existência de determinado projeto. Contudo, nos ambientes ágeis, muitas vezes tais momentos são breves ou inexistentes.

No entanto, verificar as práticas que serão realizadas nos quesitos planejamento e início do projeto é extremamente importante. Por conta disso, é apropriado promover uma capacitação constante, pois esta norteia o entendimento de quais práticas podem ser introduzidas em cada projeto de acordo com cada situação particular.

Somente depois de uma criteriosa identificação introdutória de cenário, escopo inicial e premissas, é possível escolher as técnicas adequadas a um projeto específico. Dessa forma, o conhecimento de todas as técnicas e práticas em projetos é basilar.

Esse tipo de visão geral, no início do projeto, evita perdas de tempo no andamento das atividades por uma prática mal utilizada ou não considerada para o projeto. Em outros termos, independentemente da abordagem, deve-se verificar as ferramentas que provavelmente terão melhor aderência no projeto ágil. Nesse contexto, um PMO para projetos ágeis pode ser muito benéfico nesse momento.

Em algumas empresas e projetos ágeis, não está claramente definida uma figura de gerente de projetos. Em certos cenários, há um facilitador gerencial de projetos, que pode ser um *Scrum master* para algumas situações ou um centralizador de informações. Aqui, não importa a identificação desse cargo, mas sua função, que pode ser desenvolvida por qualquer colaborador.

Mais relevante é que, para o início de um projeto ágil, se garantam a centralização e o processamento de algumas informações. Por essa razão, deve haver uma figura que processe informações gerenciais, mesmo em cenário ágil. Esse processamento, mesmo que incipiente, certamente facilita o processo de tomada de decisão no ambiente de projetos. Dessa forma, considerações sobre tempo de retorno do investimento realizado, custo total projetado para o projeto, além do entendimento sobre qual metodologia será utilizada, entre várias outras informações, são de importante definição.

Na prática, um levantamento de informações financeiras do projeto é vital. Por isso, apresentaremos o conceito de valor presente líquido (VPL) (PMI, 2017a). Com relação a esse aspecto, vale alertarmos: algumas técnicas fazem sentido se utilizadas em alguns momentos específicos do projeto. As análises criteriosas e corretas de informações financeiras sobre o retorno do investimento, por exemplo, são mais adequadas aos momentos iniciais do projeto ágil. Para projetos que envolvem grande complexidade, é difícil determinar quando ocorre a transição da fase de início a de planejamento. Independentemente disso, mesmo em um cenário de incertezas e complexidades, o levantamento de informações financeiras é fundamental.

Com relação ao VPL, seu cálculo é simples, direto e bastante relevante, pois aponta informações financeiras iniciais para um aprofundamento posterior. No entanto, nos momentos introdutórios, em cenários com mais de um projeto, a análise de qual possui maior embasamento financeiro contribui para a tomada de decisão.

Na prática, levando em consideração um cenário com dois projetos, em que um tem um custo de R$ 100.0000,00, e outro, um custo de R$ 125.000,00, é necessário fazer algumas escolhas. Assim, para exemplificação, vamos identificá-los como projetos A e B.

O projeto A tem um custo total de R$ 100.000,00 e uma receita estipulada em R$ 150.000,00 em quatro anos. Já o projeto B tem um custo de R$ 125.000,00 e receita prevista de R$ 200.000,00, contudo, em sete anos. Em uma análise matemática simples, podemos identificar que o projeto A apresenta um retorno de R$ 50.000,00, ao passo que o projeto B tem um retorno de R$ 75.000,00. Rapidamente, podemos verificar que o projeto B é mais vantajoso pelo quesito financeiro.

No entanto, uma análise mais aprofundada, apesar de não ser complexa, pode dar outra resposta para a tomada de decisão. Empregando-se a técnica do VPL, chega-se a outra conclusão. O VPL é importante porque auxilia na conversão de valores futuros para o presente. Assim, facilita o trabalho de entendimento para decidir qual projeto efetivamente vale a pena.

Para isso, utiliza-se a seguinte fórmula:

$$PV = FV/(1+i)^n$$

Sendo:

PV = *Present Value* (valor presente)

FV = *Future Value* (valor futuro)

i = inflação

n = período

Observe que essa técnica envolve alguns conceitos importantes para facilitar a identificação financeira para o projeto. Devemos esclarecer o conceito de inflação, pois este ajuda a verificar qual projeto é o melhor entre duas possibilidades conflitantes. Dessa forma, como estipulado para as bases do exemplo e inserindo ambos os projetos na fórmula, chega-se à seguinte conclusão, considerando uma inflação de 7% ao ano:

Projeto A = 150.000,00 / $(1,07)^4$ = 114.434,28
Projeto B = 200.000,00 / $(1,07)^7$ = 124.549,95

Agora, basta inserir os custos previamente identificados para estimar qual é mais vantajoso pelo quesito financeiro e mantendo as mesmas bases:

Projeto A = 114.434,28 − 100.000,00 = 14.434,28
Projeto B = 124.549,95 − 125.000,00 = (450,05)

Nesse simples exemplo, é de se supor que o projeto A pode ser considerado o mais atrativo em comparação ao B, que apresenta prejuízo para a empresa. Pelo exposto, percebemos que, nos momentos iniciais, esse tipo de análise é importante e embasa a sequência das atividades (Massari, 2018).

De acordo com o PMBOK (PMI, 2017a), outra análise simples e didática e que auxilia no processo de identificação de projetos nos momentos iniciais é a taxa interna de retorno (TIR). Ela é importante por considerar as possíveis receitas e as despesas para o valor presente. Assim, ela permite estimar o retorno financeiro.

A TIR pode ser utilizada como continuação do VPL já calculado. Retomando o exemplo, para o projeto A, basta comparar o VPL com o custo. Na prática, como os custos eram projetados na casa de R$ 100.000,00, deve-se fazer a comparação percentual com os R$ 114.434,28 tidos como resultado intermediário do VPL. O resultado é de 14,43%, representando o percentual de retorno que o projeto A conseguirá.

As informações de VPL e TIR representam as fórmulas introdutórias para uma análise mais aprofundada também necessária para projetos ágeis. Todavia, as fórmulas e aplicações não configuram os aspectos mais complexos para essa atividade. Em diversos cenários, a identificação exata dos números projetados de custos para o projeto não é uma tarefa fácil. Isso porque falta clareza ou exatidão de informações exatas; há também casos marcados por conflito de interesses internos, o que torna as projeções menos confiáveis.

Nessa ótica, para que toda a análise financeira seja realizada de forma correta, é necessário um levantamento preciso de informações financeiras de projeções que auxiliem em toda a tomada de decisão. De posse dessas informações, procede-se a uma análise mais acurada no quesito financeiro.

Em projetos ágeis, uma linha tênue separa as áreas de gerenciamento de projeto. Assim, o custo está intimamente ligado ao escopo. Por isso, a introdução do conceito de *gold plating* pode ser necessária. Em uma tradução livre, ele pode ser entendido como "folhado a ouro". Nos períodos introdutórios do projeto, é relevante verificar detalhadamente o escopo, e, depois, seguir com precisão o que nele está estipulado.

A intenção de efetuar o que está exatamente identificado no escopo compõe um quadro mais preciso do que o projeto criará. Assim, as análises de custo do projeto serão mais assertivas se estiver garantido que um projeto fará exatamente o que está acordado no escopo. Mesmo em projetos ágeis, tais informações mínimas são importantes.

O conceito de *gold plating* (PMI, 2017a) pode ser exemplificado por situações em que há uma entrega maior do que o que havia sido inicialmente acordado. Nesse sentido, o projeto precisa se concentrar efetivamente no que precisa entregar, e não em acrescentar itens ao escopo, o que, muitas vezes, gera mais custos e aumenta o tempo de execução. Dessa forma, o termo *folhado a ouro* pode ser entendido como algo a mais que pode ser realizado no projeto, mas que, de certa forma, impacta negativamente todas as outras áreas do gerenciamento.

Em projetos ágeis, a estreita relação entre custo e escopo precisa ser administrada pela equipe e pelo gerente do projeto. Entretanto, existem outras preocupações que devem ser analisadas nos momentos iniciais: são as informações das partes interessadas e de um termo de abertura.

O **termo de abertura** trata-se de uma importante ferramenta que auxilia na formalização inicial do projeto dentro de uma instituição. Mesmo para projetos ágeis, ele também confere autoridade ao gerente de projetos que será responsável direto por este.

Logo, para projetos ágeis, e considerando alguns cenários, um documento que centralize as informações é bastante útil, e para o início do projeto, esse documento é o termo de abertura. Por algumas pessoas, ele pode também ser associado a um projeto preditivo e mais robusto, mas em ambientes ágeis e fluidos, um documento que centralize essas informações é de grande valia.

Em organizações nas quais se desenvolvem projetos ágeis, um termo de abertura auxilia na identificação do gerente de projeto, bem como levanta informações iniciais necessárias para sua realização. Nesse sentido, de acordo com Batchelor (2013, p. 32):

> *Não é necessário que esse documento seja um plano detalhado de como você vai realizar cada etapa do projeto, mas que seja estruturado para dar aos* stakeholders *(especialmente àqueles ligados à aprovação do orçamento e dos recursos) uma noção do que está previsto. É conhecido como sumário do projeto, documento de escopo, resumo estratégico ou termo de abertura do projeto.*

Para projetos ágeis, não há um corpo ideal de informações que devem obrigatoriamente constar em termo de abertura. Entretanto, esse texto deve aglutinar as informações básicas para o planejamento. Em determinados projetos, um termo de abertura com diversas informações se faz necessário, mas em outras realidades, um simples e didático organizador de informações já é de grande valia.

Uma técnica de grande capilaridade e que pode ser utilizada como norteadora para o termo de abertura de projetos ágeis é a 5W2H. Ela sintetiza diferentes informações de forma prática e rápida e auxilia em uma organização inicial de um direcionamento tão importante para um projeto ágil.

Segundo o PMBOK (PMI, 2017a), em seu conceito, o nome 5W2H deriva de cinco perguntas iniciadas com a letra "W" e 2 iniciadas com a letra "H", todas em inglês. Essas peguntas são:

- *What?* (O quê)
- *Why?* (Por quê)
- *Who?* (Quem)
- *When?* (Quando)
- *Where?* (Onde)
- *How?* (Como)
- *How much?* (Quanto custa)

Essa técnica centraliza informações fulcrais para os momentos de planejamento do projeto ágil. É necessário identificar o que o projeto criará, além de coletar informações sobre tempo e custo aliadas às outras perguntas identificadas na técnica.

Considerando alguns cenários, as respostas a essas perguntas já compõem um termo de abertura. Para outros, porém, elas configuram apenas um indício para um aprofundamento maior que, em um segundo momento, possibilitará a formação de um termo de abertura mais robusto. Todavia, o que pretendemos aqui é enfatizar que a identificação inicial de alguns pontos se faz necessária e que auxiliará na tomada de decisão.

Em alguns cenários ágeis nos quais o escopo a ser trabalhado no projeto é bastante conhecido e a equipe destinada ao projeto possui bastante experiência, tais informações já formam um termo de abertura suficiente para que os trabalhos ocorram. Contudo, aliada ao termo de abertura, uma análise bem fundamentada dos interessados no projeto é muito válida e deve ser realizada com bastante critério.

A atenção às partes interessadas é tão importante que nos projetos preditivos há uma área exclusiva de gerenciamento focada em sua identificação e em seu monitoramento. Por isso, o guia PMBOK dedica um capítulo a esse tema (PMI, 2017a). Tal área vem ganhando destaque entre os profissionais de projetos, os quais identificaram que a incorreta observação desse quesito compromete substancialmente o resultado do projeto. Anteriormente, as partes interessadas eram incorporadas pelo gerenciamento de comunicação, porém notou-se a necessidade de criar uma área específica para tratar dessa temática.

Mesmo não sendo considerada uma obra exclusiva do gerenciamento ágil, pode-se adotar a definição exposta no guia PMBOK:

> O gerenciamento das partes interessadas do projeto inclui os processos exigidos para identificar todas as pessoas, grupos ou organizações que podem impactar ou serem impactadas pelo projeto, analisar as expectativas das partes interessadas, seu impacto no projeto e desenvolver estratégias de gerenciamento apropriadas para o engajamento eficaz das partes interessadas nas decisões e na execução do projeto. (PMI, 2017a, p. 503)

Assim, a atenção às partes interessadas deve ser levada em consideração tanto para projetos preditivos quanto para os adaptativos, independentemente da metodologia utilizada. No início dos trabalhos relativos ao projeto ágil, o processo de identificação das partes provavelmente impactadas pelo resultado do projeto é fundamental. Somente com a correta identificação e o monitoramento dos interessados é que o progresso das atividades é realmente mensurável, sendo possível constatar, então, se os trabalhos alcançaram êxito.

Não basta fazer a correta identificação; é preciso também indicar a ordenação de interesses dos atores impactados pelo projeto. Nesse sentido, não existe uma categorização global capaz de aglutinar os interessados no projeto. Todavia, apresentamos a seguir, na Figura 2.3, uma ideia de categorização que pode ser utilizada como importante elemento visual. A posse dessas informações embasa a tomada de decisão levando em conta o impacto que ela pode causar em cada um dos interessados.

Figura 2.3 – Identificação de partes interessadas

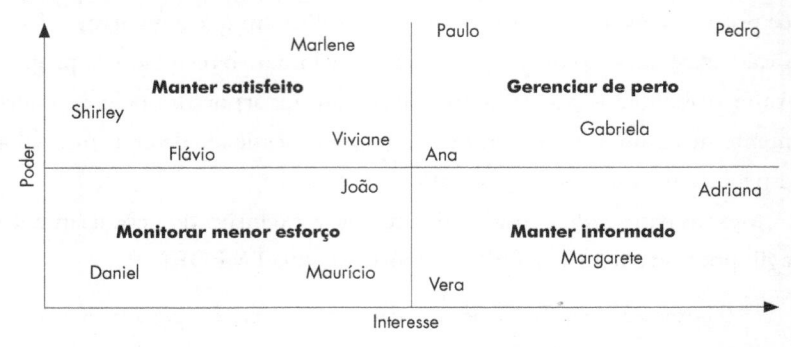

	Interesse →	

Manter satisfeito
Shirley
  Marlene
    Flávio   Viviane
	Gerenciar de perto
	Paulo Pedro
	    Gabriela
	Ana	

Monitorar menor esforço
  Daniel   Maurício
       João
	Manter informado
	       Adriana
	    Margarete
	Vera	

Poder ↑

Fonte: Elaborado com base em Massari, 2018.

Avaliar o interesse dos envolvidos no resultado do projeto e o poder dessas pessoas dentro da organização é um dado a ser considerado na tomada de decisão. Contudo, a depender das especificidades da organização e do projeto, as categorias presentes na figura podem ser alteradas. É possível criar o mesmo gráfico, porém avaliando influência e conhecimento técnico ou, ainda, interesse e influência sobre a organização (Massari, 2018).

Fica claro, então, que, além de identificar as partes interessadas, deve-se aglutiná-las em grupos de interesse que sejam aderentes ao projeto ágil e ao cenário em que ele está inserido. Para projetos ágeis e ligados à melhoria de processos, o conhecimento dessas informações previne possíveis ações danosas para alguns grupos importantes.

Essa análise gráfica subsidia a formulação de um plano de comunicação. É importante entender como os interessados receberão atualizações sobre o projeto, em qual nível de detalhe e em qual periodicidade. Dessa forma, previnem-se possíveis descompassos entre o progresso das atividades e o interesse e a percepção dos envolvidos no resultado final do projeto.

Independentemente da metodologia ágil utilizada, a atenção aos interessados se faz necessária, articulado a um planejamento que auxilie as decisões no projeto. Assim, deve haver um diálogo entre os interessados no resultado do projeto e o planejamento que precisa ser idealizado, mesmo em ambientes ágeis. O foco na satisfação dos envolvidos no projeto é um dos pilares do Manifesto Ágil. Logo, um planejamento que contemple o monitoramento dos interessados é de extrema importância.

2.5 Metodologias e *frameworks* para o gerenciamento de projeto ágil

É difícil selecionar um termo que aglutine todas as técnicas, práticas, *frameworks*, ferramentas e aproximações do gerenciamento ágil de projetos. Isso ocorre porque existem diversos termos em todo o mundo, além do fato de que não existe uma organização central que compile as possibilidades de forma didática. Contudo, para a realização do planejamento e execução do projeto em ambiente ágil, é necessário considerar essa pluralidade de possibilidades e a diversidade característica das organizações.

Existem diversas técnicas complementares que devem ser utilizadas em conjunto para um bom planejamento e execução de projeto ágil. Porém, cada empresa e situação pode demandar um tipo de atenção no que tange aos projetos. Algumas práticas podem fazer sentido para uma organização, mas não para outras. Por isso, é importante verificar o maior número de práticas, técnicas, *frameworks* é outras ferramentas que consigam atender a uma instituição na aplicação de um projeto ágil.

A utilização de um mecanismo inicial que organize as informações (como um termo de abertura) e faça a identificação e o controle das partes interessados, aliada a uma análise financeira sobre os custos do projeto, é de grande valia no ambiente de projetos. Outra prática que pode auxiliar no planejamento do projeto ágil é a atenção ao produto mínimo viável, conhecido também como *Minimum Viable Product* (MVP). Trata-se de uma técnica desenvolvida por Eric Ries que se vale de protótipos mínimos que auxiliam na visão mínima de um produto ou serviço para ser considerado viável (Ries, 2012).

Para alguns projetos em que esse tipo de análise faz sentido, é importante analisar o escopo pelo prisma de produto mínimo, para verificar até mesmo quais serão as prioridades do projeto. Um trabalho nessa área identifica em uma mensuração final a parte do escopo que pode ser considerada realmente importante. Para o gerenciamento de riscos em projetos ágeis, o conhecimento de que parte do escopo é fundamental auxilia na tomada de decisão.

A criação desse **protótipo mínimo** dá condições para a criação de uma espécie de planejamento para todo o projeto em si, contemplando o próprio escopo, os riscos e as demais atividades de acordo com a metodologia escolhida. Esse tipo de trabalho é adequado nos momentos iniciais do projeto, pois facilita todas as decisões que necessitam ser tomadas no ambiente de projetos ao longo do trabalho (Ries, 2012).

Em linhas práticas, o protótipo mínimo para um projeto de tecnologia de informação, por exemplo, pode ser um sistema que recebe informações de determinado servidor e gera relatórios simples. De posse dessas informações, é mais fácil detectar quais atividades devem ser priorizadas.

Sobre a área de escopo, existe outra técnica bastante utilizada e útil para o universo de projetos ágeis: o Kanban (Anderson, 2011). Trata-se de uma técnica de fácil utilização e de caráter visual que auxilia na compreensão do trabalho necessário para a criação de um projeto. Ela é bastante conhecida em ambientes de projeto ágeis e se utiliza de um quadro ou parede e da inserção de *post-its*, que clarificam de que forma determinada atividade deve ser realizada.

Ela não é considerada uma metodologia de projeto ou sistema refinado. Por isso, o Kanban precisa estar associado alguma metodologia de projeto que contemple a atenção a outras áreas de projetos. Ela teve seu início no Japão pós-Segunda Guerra Mundial, no setor automotivo, estando mais ligada à área de estoque e à linha de montagem (Anderson, 2011).

A palavra *kanban* pode ser traduzida como "placa" ou "cartão", o que já sugere como é sua utilização. Na prática, as placas ou os cartões são criados e se movimentam com determinada mercadoria para facilitar sua identificação e controle do estoque na linha de montagem. Para a área de gerenciamento de projeto, cada placa pode corresponder a uma atividade, a qual precisa ser inserida em certo grupo de atividades relacionadas ao ambiente.

É comum visualizar quadros divididos em três partes nos escritórios de projetos, cada uma correspondendo a uma atividade. Essas partes podem ser segmentadas de acordo com o grupo ao qual o projeto pertence. É possível visualizar os grupos como atividades a serem realizadas (*to do*), atividades sendo realizadas (*doing* ou *work*) e concluídas (*done*). Dessa forma, cada um dos *post-its* que representam uma atividade é enquadrado em uma categoria.

A Figura 2.4 ilustra como o Kanban pode ser utilizado na prática.

Figura 2.4 – Utilização do Kanban

Essa técnica é muito eficaz para o acompanhamento das atividades que representam um escopo de projeto e para a aquisição do conhecimento a respeito do progresso das atividades. De acordo com Ribeiro e Ribeiro (2015) os grupos referentes aos *post-its* podem ser identificados como: modelado; em desenvolvimento; desenvolvido; sendo implantado; e concluído. Contudo, vários outros grupos podem ser criados de acordo com a realidade de cada projeto.

Esse caráter visual, ágil e adaptativo é extremamente importante para uma ferramenta ou técnica. Nesse sentido, o Kanban consegue auxiliar de forma bastante direta a equipe destinada ao projeto, por apresentar todos esses requisitos. Outro ponto favorável dessa técnica se refere ao baixo custo de implementação aliado ao fácil entendimento de sua funcionalidade.

O início do projeto é considerado o momento ideal para a realização de várias escolhas que devem ser tomadas pelo gerente do projeto e pela equipe. Tais escolhas envolvem a metodologia a ser utilizada para o controle das atividades relativas ao projeto. Assim, existem diversas possibilidades ágeis, principalmente ligadas à área de desenvolvimento de tecnologia de informação.

Mais vinculada à área de programação, existe a *Extreme Programming Management*, técnica que pode ser utilizada de forma mais aderente a projetos de programação. Ela é conhecida na área como *Extreme Programming* (XP) – em português, algo como "programação extrema" –, ligada ao processo de interação necessário para o ambiente de projetos ágeis. Isso porque tem grande proximidade com a com a comunicação existente na equipe destinada aos trabalhos no projeto.

Em sua concepção, ela foi pensada para atender principalmente a equipes menores, e tem como princípios coragem, comunicação, simplicidade, *feedback* e respeito. Esses cinco princípios se assemelham bastante aos pilares do Manifesto Ágil. Em verdade, é possível perceber em todas as técnicas ágeis intenções semelhantes ao que o Manifesto Ágil prega. Dessa forma, há uma grande sintonia entre todas as técnicas e práticas ágeis existentes no mercado atualmente (Beck, 2004).

O XP se vale de um ciclo bem-definido de comunicação que se estende por, no máximo, três semanas e que apregoa como os trabalhos dentro dele devem ser realizados no projeto. Costuma ser empregado em casos em que parte da equipe está alocada fisicamente no cliente final, algo muito comum em projetos de programação de tecnologia de informação.

A utilização do XP muitas vezes previne o *gold plating*, pois os princípios da simplicidade, da comunicação e do *feedback* estimulam a equipe a fazer exatamente o que o projeto precisa, sem a necessidade de criar elementos adicionais muitas vezes dispensáveis para o produto final. Com parte da equipe em um local físico distinto, a utilização de um ciclo de comunicação e acompanhamento é essencial para assegurar a sincronia entre a equipe, causando menor impacto negativo para o projeto.

O universo de projetos ágeis vem ganhando cada vez mais técnicas, práticas, *softwares* e metodologias para a utilização das organizações. Visualizando a efetividade desse tipo de projetos, as empresas vêm realizando adaptações e incrementando suas possibilidades. Os projetos ágeis, apesar de serem bastante utilizados em tecnologia de informação, podem ser aplicados nos mais diversos ramos de atividade. Setores administrativos, de engenharia e de entretenimento vêm recorrendo a projetos ágeis como resposta à realidade encontrada no mercado global.

Os projetos ágeis têm sido utilizados na área de inovação em diferentes segmentos e na área de processos. No que tange à inovação, esse tipo de projeto inscreve novidades em produtos e serviços como resposta à determinada demanda. Com relação aos processos, inúmeras instituições têm apresentado mais burocracia, demora e ineficiência. Assim, os projetos ágeis também podem ajudar a reformular a cultura corrente na organização.

No mercado, há, ainda, outras metodologias aderentes ao trabalho com projetos ágeis, como a *Feature Driven-Development* (FDD) – em português, desenvolvimento dirigido por funcionalidades – e a *Dynamic System Development Method* (DSDM) – em português, metodologia de desenvolvimento de sistemas dinâmicos. Ambas são adequadas ao mercado de tecnologia de informação e guardam certas semelhanças. O diferencial é que o FDD foca em protótipos e no desenvolvimento, ao passo que o DSDM tem outras particularidades (PMI, 2017b).

O FDD pode ter aderência ao conceito de MVP. Por meio de suas características mínimas, ele determina o protótipo ideal como produto do projeto. Assim, o FDD é capaz de propor um protótipo que corrobora com a visão antecipada de como o produto final do projeto será realizado. Essa metodologia é composta de práticas que auxiliam na construção do conceito (Massari, 2018), quais sejam:

- interação entre a equipe do negócio e a equipe de desenvolvimento;
- desenvolvimento com pacotes de entrega pequenos e curtos;
- propriedade individual do código a ser criado;
- equipes divididas por funcionalidade do *software*;
- inspeções constantes;
- gerenciamento de configuração;
- existência de compilações frequentes;
- grande atenção à visibilidade de progresso e ao resultado final.

Assim como o Manifesto Ágil, as práticas elencadas pelo FDD apresentam termos muito ligados a projetos de tecnologia de informação. Contudo, para ganhar aplicabilidade, alguns termos práticos podem ser alterados, de acordo com o cenário em que um projeto está sendo realizado.

O mais importante é analisar as práticas e a metodologia como um todo, para averiguar se efetivamente ela terá possibilidade de ser utilizada em determinado projeto e cenário. Aqui são relevantes as entregas frequentes. Esse tipo de ação diminui a possibilidade de retrabalho e aproxima os interessados do produto final. Logo, para um projeto em que o produto final é algo intangível, como um novo processo, por exemplo, pode ser realizada uma adaptação, apresentando para o interessado o andamento do projeto e o que foi possível encontrar e entender sobre o novo processo.

Essas entregas constantes e menores por todo o projeto não devem ser negligenciadas. Assim, a equipe do projeto visualizará de forma clara e constante se o progresso das atividades está aderente com o que o cliente final necessita e o que o escopo do projeto também indica. Cabe aqui fazer um esclarecimento: a expressão *cliente final* pode representar alguém interno ou externo à instituição. Ainda, pode identificar um departamento ou pessoa na instituição que receberá o produto do projeto ou, ainda, um contratante que está pagando pela realização do projeto.

O DSDM, por sua vez, contém alguns rituais próprios e também alguns papéis que não podem ser negligenciados, entre eles o de gerente de projetos, o de gerente executivo, o do intermediador, do visionário, do líder de equipe e do testador. É necessário entender que todos eles interagem e contribuem para a conclusão do projeto em um ambiente ágil.

No DSDM, o projeto ideal é composto de quatro fases: (1) estudo de viabilidade; (2) iteração do modelo funcional; (3) iteração de *design* e construção; e (4) implementação. Estas precisam ser respeitadas e realizadas conforme essa ordem, para que se obtenha a melhor experiência com projetos na instituição.

Assim, tanto a DSDM quanto a FDD contam com indicativos que norteiam os trabalhos no ambiente de projeto.

Todavia, considerando o ambiente de projetos ágeis, é notória a capilaridade do Scrum, por conta de sua eficiência em ordenação de trabalhos e na comunicação entre a equipe. Ele contém alguns rituais e papéis bem-definidos e que precisam também ser respeitados.

Nesse sentido, mesmo a flexibilização e a adaptação, tidas como premissas dos projetos ágeis, igualmente requerem uma boa dose de organização interna. Ratificando, é importante flexibilizar os controles para garantir mais rapidez às demandas do projeto; contudo, existe um nível de organização e sincronia que precisa ser realizado dentro do projeto. Esse diálogo não pode ser relativizado, para que a experiência com projetos não seja completamente desvantajosa.

O Scrum se autointitula um *framework* que pode ser utilizado em ambientes de projetos ágeis (Cruz, 2013). Ele é o principal método para realizar projetos ágeis no mercado atual. Isso por conta de sua facilidade e do ganho proporcionado por sua correta aplicação. Ele foi criado nos anos 1990 por Ken Schwaber e Jeff Sutherland, que vislumbraram uma forma ideal de realizar interações entre diferentes papéis e rituais ao longo de um projeto de forma dinâmica. Esse *framework* também é muito utilizado na área de tecnologia de informação.

Inicialmente, é importante entender o que seria um *framework* e a sua proximidade com as metodologias. Na prática, uma metodologia pode ser entendida como um passo a passo que, se seguido rigorosamente, proporciona os resultados planejados. Na ótica do Scrum, porém, um *framework* é um quadro de práticas com uma indicação do que precisa ser feito, mas em um nível menos detalhado do que uma metodologia.

O *framework* apresenta práticas de mercado que devem ser aplicadas para se atingir o sucesso na maior parte dos ambientes. Todavia, dentro dele, pode haver alguma prática que pode não fazer sentido para alguns projetos e em algumas situações. Ele não tem a intenção de ser tão detalhado quanto uma metodologia, mas é muito importante na identificação de ferramentas comprovadamente eficazes na aplicação em muitos projetos (Cruz, 2013).

Assim, o Scrum sustenta-se em três pilares principais: (1) transparência,(2) inspeção e (3) adaptação. Isso demonstra que o *framework* foi desenvolvido levando-se em conta a total comunicação entre os envolvidos, de forma que todos conheçam na íntegra o andamento das atividades relacionadas ao projeto. Aqui, também, faz-se notar uma grande simetria com os pilares do Manifesto Ágil. Todos os relacionamentos necessários para que o Scrum aconteça equilibram-se sobre esse tripé, que indicam por si como os trabalhos podem ser realizados.

O Scrum é composto de papéis e alguns rituais de relacionamento, por meio dos quais se constrói o projeto de forma a atender à expectativa dos envolvidos. Quanto a esses papéis dentro de um time ágil, o Scrum é formado pelo Time Scrum (também chamado de *Dev Team*), *Scrum Master* e *Product Owner*. Esses três principais papéis se relacionam ao longo do Scrum para a finalização do projeto (Cruz, 2013).

O *Dev Team* pode ser entendido como a equipe central responsável por criar o projeto, devendo construir seu escopo. Embora possa ser um termo um pouco mais ligado à área de tecnologia de informação, apresenta fácil identificação em projetos de outras áreas. Em suma, cabe a esse grupo encaminhar determinado evento ou a criação conceitual de um produto.

Para que o *framework* alcance sua plenitude, a equipe deve ser constituída especificamente pelo grupo criador dos objetivos do projeto, independentemente de estes serem tangíveis ou intangíveis.

Outro papel importante é o do *Product Owner*, que corresponde ao dono do produto, essa figura tem de de conhecer minuciosamente todas as características do produto do projeto. Esse agente tem informações valiosas sobre a funcionalidade do produto, suas caraterísticas técnicas e aplicabilidades, devendo elaborar alguns importantes eventos dentro do Scrum.

O *Product Owner* deve listar as principais características do projeto, compondo o *backlog* do produto. Essa lista é extremamente importante e classifica todas as particularidades de escopo que o produto deve contemplar. Tal lista permite entender quais partes do escopo devem ser criadas antecipadamente e quais podem ser realizadas posteriormente (PMI, 2017b).

Por essa razão, o *Product Owner* deve conhecer a aplicabilidade e as características técnicas do produto ou serviço criado pelo projeto. Isso porque o entendimento do escopo, da aplicação e da priorização subsidia a organização de todas as tarefas relacionadas ao projeto. Dessa forma, esse ator é um facilitador para o projeto, por ser também um centralizador de informações. Logo, se existe alguma dúvida sobre o produto do projeto, é o conhecimento do *Product Owner* que pode esclarecer esse ponto.

A comunicação com o *Product Owner* é capitaneada pelo *Scrum Master*, outra figura central do Scrum à qual cabe articular com a equipe a coordenação dos trabalhos, mesmo não tendo necessariamente uma relação hierárquica com ela. Assim, o *Scrum Master* atua como um facilitador, que tem a principal tarefa de minorar todos os riscos que a equipe indica e que podem danificar o trabalho realizado dentro do projeto.

O *Scrum Master* interage com o *Product Owner* para a criação e classificação do *backlog* do produto, mas foca a equipe do projeto e atua constantemente com ela. O *Scrum Master* necessita, então, de uma grande habilidade de comunicação, pois recai sobre ele grande parte da responsabilidade para que o Scrum consiga entregar o projeto idealizado.

Tais papéis possuem responsabilidades e foco específico, mas para que o projeto tenha sucesso se utilizando desse *framework*, eles precisam estar em sincronia em momentos específicos dentro do projeto. Assim, os rituais que compõem o Scrum devem ser respeitados, a fim de que os papéis consigam progredir com o trabalho em projetos ágeis e, por conseguinte, satisfazer às necessidades dos envolvidos.

A sintonia entre todos é fundamental, por conta da não existência de hierarquia na prática. Por isso, os pilares estipulados pelo Scrum devem ser levados em consideração de forma plena. Porém, para que tudo funcione, é importante se valer da comunicação eficiente dentro do *framework* de projetos.

Esses são os papéis existentes, bem como sua nomenclatura associada ao *framework* Scrum. Contudo, no universo de projetos ágeis, existem outras metodologias de trabalho. Segundo o PMI (2017b), os papéis dentro de um time ágil podem ser intitulados como: *membros da equipe multifuncional*, *dono do produto* e *facilitador da equipe*.

Nesse sentido, os membros da equipe são os responsáveis pela criação do produto operacional do projeto e o realizam valendo-se de suas habilidades multifuncionais. O dono do produto orienta os trabalhos na direção do produto. Por fim, o facilitador é quem remove os impeditivos visualizados pela equipe do projeto (PMI, 2017b).

No *framework* Scrum, os papéis se articulam nos *sprints* que ocorrem ao longo do ciclo de vida do projeto. Um *sprint* equivale a um tempo cronológico em que os envolvidos devem realizar determinada entrega específica no projeto. Via de regra, um *sprint* dura de duas a quatro semanas.

Para a escolha das partes do escopo que serão efetivadas em um *sprint*, é necessário se valer da classificação realizada pelo *Product Owner* (Cruz, 2013). Dessa forma, um projeto abriga vários *sprints*, que, ao final, entregarão exatamente todas as funcionalidades identificadas para o projeto. Ou seja, é necessário planejar os *sprints* para que eles consigam se relacionar com a parte do projeto que está em curso.

Mesmo com a complexidade dos projetos ágeis, bem como por sua fluidez e pela grande possibilidade de mudança, as técnicas existentes para a entrega de um projeto precisam conter um bom nível de organização e planejamento. Para o Scrum, a comunicação entre os envolvidos no *sprint* garante que o projeto seja concluído.

Salientamos que diversas atividades importantes devem ser efetuadas em um *sprint*, como a revisão, o *stand-up meeting* e a retrospectiva. Aqui vale mencionar que, para que o *framework* funcione em sua plenitude, é importante promover a revisão de tudo o que foi criado, para se constatar a adequação em busca de pontos que podem ter sido esquecidos ou que já não se encontram em funcionamento (Cruz, 2013).

Dessa forma, em linhas gerais, o Scrum pode ser esquematizado conforme a Figura 2.5.

Figura 2.5 – Funcionalidade do Scrum

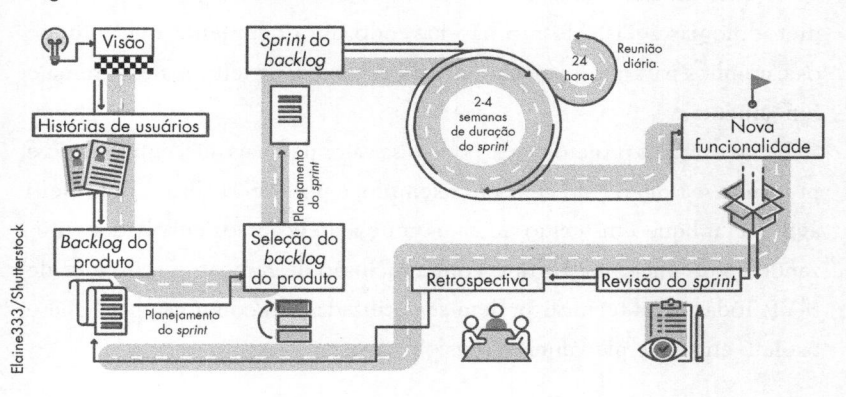

Os projetos podem ser apresentar diversos *sprints*. Assim, em cada final de *sprint*, uma parte importante do projeto é entregue, mostrando para os envolvidos a evolução dos trabalhos. Para projetos em que seja possível fazer entregas parciais do escopo e com uma equipe multidisciplinar aliada a um papel de conhecedor do produto e a outro de facilitador do projeto, esse *framework* terá de bastante utilidade.

No Scrum, as reuniões são um importante instrumento de transparência e comunicação entre os envolvidos. Dessa forma, são estipuladas reuniões diárias e de retrospectiva com um intuito específico. Para que os pilares do Scrum funcionem, a realização de reuniões e a comunicação constante são fundamentais. Dessa forma, para equipes destinadas ao projeto e que não estão trabalhando fisicamente no mesmo ambiente, é válido recorrer à tecnologia para promover tais trocas.

Aqui temos de ressaltar um elemento do gerenciamento de projetos em todas as possibilidades ágeis. Em ambientes de grande complexidade e volatilidade, como os envolvidos em projetos ágeis, não existe espaço para se analisar separadamente as áreas de riscos, aquisições ou, mesmo, a comunicação. Contudo, ainda assim, a atenção às diferentes áreas que compõem o projeto e seus riscos é imprescindível.

Por isso, em um ambiente com projetos ágeis, podem ser aplicadas diversas técnicas e práticas ao mesmo tempo, tornando possível dar atenção simultaneamente às áreas de comunicação e de aquisições, por exemplo, possivelmente nas reuniões constantes que ocorrem em grande parte das metodologias ágeis. Mesmo não havendo um documento que indique os caminhos para um planejamento de recursos, a atenção a esse tema é fundamental.

Nessa ótica, os projetos ágeis podem se valer das mais diferentes técnicas, práticas e *softwares*. Para citar um exemplo, é possível realizar um projeto ágil que aplique um termo de abertura e a atenção aos envolvidos, utilizando-se do *framework* Scrum, com a inclusão de Kanban e utilização de MVP. Todas essas técnicas podem ser utilizadas em conjunto, para que o projeto entregue plenamente seus objetivos.

Revisão

O gerenciamento de projetos ágeis está ligado à evolução do pensamento organizacional. As metodologias ágeis são resultado de uma evolução natural e contante de conceitos. Por isso é relevante o papel do Manifesto Ágil, bem como a linha de pensamento *lean*, que fazem parte dessa evolução.

Como consequência, a função dos ciclos de vida dos projetos ágeis ganha destaque, assim como seus impactos e suas aplicabilidades no ambiente de projetos. Portanto, existem diversas metodologias, práticas ou *framewoks* de trabalho para projetos ágeis. Contudo, um dos mais conhecidos e utilizados é o Scrum, que conseguiu, graças a suas premissas, atender a uma grande gama de projetos que antes não eram possíveis de serem realizados.

Nesse sentido, o entendimento das atividades relacionadas aos papéis do Scrum, bem como a atenção a seus rituais otimiza sua utilização em projetos. Sob essa ótica, a seguir, propomos algumas questões práticas sobre o conteúdo abordado neste capítulo.

1. O Manifesto Ágil prega a atenção à agilidade e à relação com os processos organizacionais, apresentando um novo olhar sobre as práticas já existentes. Por isso, as práticas de gerenciamento de projeto também são repensadas, em virtude do impacto e da atenção possibilitados pelo Manifesto Ágil. A respeito desse documento, assinale a alternativa correta:

a. Apresenta 4 valores e 12 princípios e foi utilizado como inspiração para práticas ágeis de projetos.
b. Diz respeito a um *framework* para gerenciamento de projetos.
c. Trata-se de um modelo de negócio que auxilia na visualização de cenários e que expressa visualmente a lógica do negócio.
d. Refere-se à utilização de placas que auxiliam na visualização de projetos.

2. O *Scrum Master* é um papel importante para a realização de projetos com o *framework* Scrum. Sobre esse agente, assinale a opção que representa uma de suas atividades:
   a. Encaminhar os processos da empresa.
   b. Levantar as características do produto final do projeto.
   c. Atuar como facilitador e retirar os empecilhos que atuam no projeto.
   d. Descrever o que cada membro fez e deve fazer diariamente no projeto.

3. O *framework* Scrum contém rituais e papéis que precisam atuar em conjunto em um projeto. A seguir, assinale a opção que apresenta os pilares do Scrum:
   a. Transparência, inspeção e adaptação.
   b. Transparência, inspeção e comunicação.
   c. Inspeção, adaptação e melhoria contínua.
   d. Inspeção, comunicação e melhoria contínua.

4. A observação de mundo pela ótica V.U.C.A. contempla diferentes possibilidades que auxiliam na melhor compreensão da realidade. Nesse sentido, marque a seguir a opção que apresenta as características observadas nessa ótica:
   a. Volátil, incerto, complexo e caótico.
   b. Volátil, complexo, simples e caótico.
   c. Complicado, caótico, simples e complexo.
   d. Volátil, incerto, complexo e ambíguo.

5. A palavra *kanban* pode ser traduzida como "placa" ou "cartão". Na prática, a metodologia Kanban auxilia no ambiente de projetos ágeis. Ela pode ser bastante visualizada por sua fácil utilização e também como um importante elemento visual. Sobre o Kanban, assinale a alternativa correta:

   a. Trata-se de uma metodologia de gerenciamento de projetos muito eficiente utilizada no mercado.

   b. É uma importante maneira de controlar o custo do projeto.

   c. Refere-se a uma prática que auxilia no escopo de um projeto e no controle de sua evolução.

   d. É um *framework* para gerenciamento de projetos.

Projetos ágeis e melhoria de processos organizacionais

O gerenciamento ágil de projetos é um conjunto de habilidades e ferramentais que não servem apenas para gerenciar projetos, mas também para observar as mais diversas particularidades de um ambiente organizacional. Assim é pela incidência da complexidade, da volatilidade e da multiplicidade que impactam os projetos e as organizações (Camargo; Ribas, 2019). Dessa forma, analisar como os projetos são encarados e gerenciados em cada instituição, além de apontar a maturidade da empresa para com projetos, também evidencia de que maneira determinada instituição está conectada com uma inovadora prática organizacional e como ela concorre no mercado em que está inserida.

O gerenciamento ágil pode ser considerado uma forma de observar o mundo, e não apenas os projetos. Na prática, a abordagem ágil auxilia na tomada de decisão sobre diversos aspectos administrativos, de gestão organizacional, de planejamento e na área de processos.

Analisando como o resultado de projetos ágeis pode impactar os processos organizacionais, um campo que vem ganhando bastante atenção nas instituições diz respeito à relação entre os projetos ágeis e os organizacionais.

Tendo em vista o comprovado benefício da utilização de projetos nos mais diferentes esferas, a área de processos organizacionais demanda atividades que insiram melhorias e potencializem seus resultados frequentemente; e os projetos ágeis são uma ferramenta que pode auxiliar nessa tarefa.

Assim, a aliança entre as práticas de projetos ágeis e o ramo de processos organizacionais pode representar um significativo ganho para as organizações por três importantes fatores: (1) comprovado benefício da aplicação de projetos como forma de aumentar a competitividade no mercado; (2) grande arcabouço de práticas e ferramentas, que fazem da área de projetos uma vertente de muita capilaridade nas mais diversas organizações; e (3) necessidade constante de resultado comprovadamente satisfatório da área de processos nas organizações, considerando suas demandas (PMI, 2017b).

É importante aprofundarmos algumas noções sobre os processos organizacionais: como eles atuam nas organizações, e quais são suas particularidades, métricas, ferramentas e práticas. É válido, ainda, abordarmos a diferença fundamental entre projetos e processos, bem como sua relação e importância nas organizações. A dinâmica desses elementos permite integrar os projetos ágeis e corroborar para a melhoria na área de processos organizacionais.

capítulo 3

3.1 Fundamentos dos processos organizacionais

Inicialmente, há diversas correlações entre projetos e processos no mundo organizacional. Por isso, é aconselhável observar as diferenças e similaridades desses dois conceitos fundamentais para a vida econômica de uma empresa. A falta de uma correta observação de ambos pode levar à confusão e à interpretação errônea, causando impacto negativo na organização.

Para que os projetos e processos ocorram nas organizações, é vital observar criteriosamente a proposta, verificando como cada um pode auxiliar nas atividades, sem perder de vistas as diferenças e particularidades. Considere o seguinte exemplo: um recurso está envolvido em atividades simultâneas tanto para projetos quanto para processos. Isso pode acarretar equívocos que levam as pessoas a tomar certa decisão aplicando-a a projetos, sendo que esta deveria se referir a processos. Por essa razão, faz-se necessário distinguir muito bem quais atividades são correlatas a processos e quais são correlatas a um projeto.

Contudo, projetos e processos não são necessariamente concorrentes. Na realidade, devem operar em sintonia para, assim, facilitar a tomada de decisão no universo organizacional.

Em termos práticos, existem semelhanças entre projetos e processos em todos os cenários em que ambos atuam. Por exemplo, tanto os projetos quanto os processos são realizados por recursos (humanos e tecnológicos) limitados nas organizações. Outra semelhança se refere ao fato de ambos demandarem um planejamento para otimizar suas ações e são estruturados internamente nas organizações.

Para tratarmos das diferenças, temos de abordar dois temas vitais nas instituições: os conceitos de continuidade e temporariedade. Com relação aos processos organizacionais, é possível constatar que eles tendem a ser repetitivos e contínuos. Já os projetos são caracteristicamente únicos e exclusivos. Em outras palavras, os primeiros ocorrem de forma contínua acompanhando a existência da empresa, já os projetos apresentam término definido (PMI, 2017a).

Para exemplificar, em uma instituição, os processos são comparados a uma linha de montagem em uma indústria automobilística. Esse tipo de operação deve ocorrer ao longo da vida da organização ou até o momento em que tal operação não se fizer mais útil. Dessa forma, o produto final de um processo é repetitivo e contínuo.

Os projetos demonstrar ter práticas diferentes daquelas próprias dos processos organizacionais. A **temporariedade** e a **entrega de produto único** são as grandes diferenças. Os processos associam-se às particularidades apresentadas ao longo de toda a existência da organização, ao passo que os projetos contam com prazo final definido. No quesito exclusividade, os primeiros entregam um produto repetitivo, já os projetos, ao final, idealizam um produto ou serviço único (Vargas, 2018).

Assim, é na observação de um final determinado, aliado à exclusividade, que residem as grandes diferenças entre projetos e processos. Para facilitar o entendimento, apresentamos a seguir, no Quadro 3.1, tais particularidades.

Quadro 3.1 – Características de processos e projetos

	Processos	**Projetos**
Proximidades	Realizados por recursos limitados da organização (pessoas/máquinas); são planejados e estruturados	
Diferenças	Repetitivo e contínuo	Único e temporário

Fonte: Elaborado com base em PMI, 2017a.

As diferenças entre projetos e processos impactam de forma determinante uma instituição. A negligência na aplicação desses dois simples conceitos pode causar sérios danos à instituição de forma geral. Isso pode ser percebido pelas técnicas, ferramentas e aplicações de ambos. Algumas práticas importantes aplicadas em projetos não necessariamente terão o mesmo resultado se forem direcionadas à área de processos organizacionais. A atenção às duas noções, bem como a correta identificação de cada uma, é valiosa para a organização.

Para ilustrar e clarificar esses dois conceitos, podemos selecionar alguns exemplos de processos e projetos bastante visíveis nas organizações. Os projetos englobam atividades institucionais que têm um prazo final para a entrega de um produto ou serviço único, por exemplo: confecção de um projeto de um prédio; criação de um sistema para uma empresa; construção de casas em uma comunidade carente.

Os processos tendem a ser executados pelas mesmas pessoas responsáveis pelas atividades em projetos. No entanto, em determinados momentos, elas passam a trabalhar em atividades relacionadas ao processo, e em outros, operam com atividades relacionadas a um projeto. Considerando os processos, é possível percebê-los em atividades sem prazo definido e que entregam um produto contínuo, como: operação de uma linha de montagem de uma indústria moveleira; recepcionista atendendo um cliente; profissional de recursos humanos realizando o fechamento de uma folha de pagamentos. Tais práticas são aderentes aos processos, pois ocorrem continuamente ao longo de sua utilidade e da vida da empresa.

Todavia, os processos apresentam diversas particularidades, e para seu completo entendimento, é necessário abordarmos as temáticas de **mapeamento** e de **melhoria de processos**, juntamente com a **padronização de registros**. Antes, porém, convém explicar melhor o conceito de processo e sua utilidade nas organizações (D'Ascenção, 2001).

Processo corresponde ao grande conjunto de atividades inter-relacionadas que visam à criação de um resultado de valor para o cliente final. Segundo Davenport (1994), tais atividades devem demonstrar uma ordenação lógica com início e término, além de fluxos de entradas e saídas.

D'Ascenção (2001) revela que os processos não estão necessariamente relacionados à hierarquia organizacional. Em diversos cenários, o organograma evidencia as relações entre colaboradores dentro da instituição. Contudo, em relação aos processos, leva-se em consideração uma nova compreensão do relacionamento existente na empresa para gerar valor para o cliente.

Assim, os departamentos internos da instituição, os fornecedores e/ou parceiros externos comumente interagem para concretizar algum objetivo instituído e, assim, otimizar a satisfação do cliente final. Não estamos aqui propondo eliminar completamente uma compreensão funcional tão presente nas organizações, mas, sim, constatar a existência de uma inovadora maneira de entender, planejar ou até mesmo gerenciar as atividades organizacionais.

A esse respeito, observe o organograma ilustrado na Figura 3.1.

Figura 3.1 – Organograma empresarial

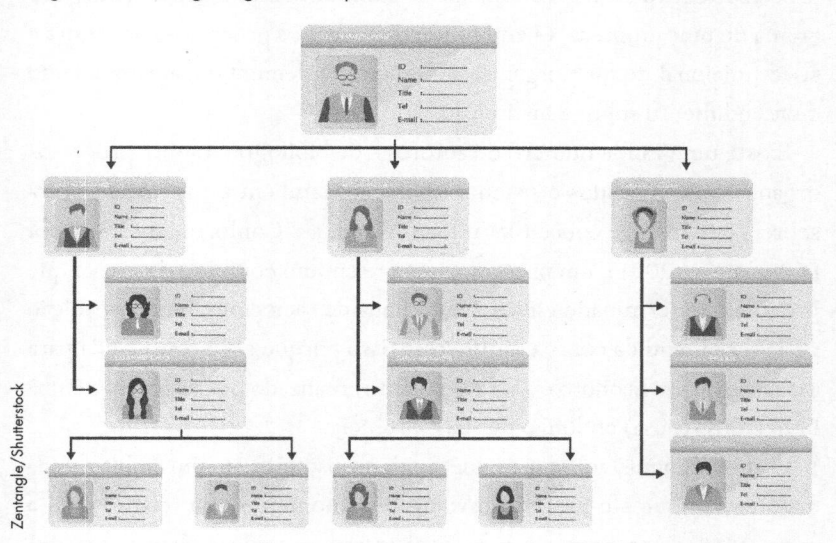

Esse esquema ilustra bem o fluxo de poder da organização, que realiza um importante fluxo de informações. No entanto, para a efetivação dos processos, não necessariamente esse mesmo fluxo é levado em consideração. Na realidade, a maioria dos processos institucionais não respeita esse tipo de fluxo hierárquico.

Assim, os processos conseguem alinhar as partes horizontais, apresentando a contribuição de cada um para determinado sequenciamento na empresa. Nesse sentido, as relações entre os colaboradores ou departamentos na empresa podem variar conforme o processo (Cury, 2007).

Essa visão revela o que cada parte envolvida realiza, auxiliando no fluxo de consciência do que deveria ser realizado seguindo uma ordem lógica. Nessa perspectiva, é fundamental considerar informações sobre qualidade, custo e tempo desde o início das atividades até a etapa final.

O relacionamento entre os mais diversos atores permite elaborar o planejamento de um melhor arranjo para incrementar a eficiência no processo. Contudo, não pretendemos diminuir a importância do organograma de uma empresa. O entendimento sobre os processos não ignora a visão funcional de uma organização, mas complementa-a, aprofundando o entendimento sobre a instituição.

Existe um grande número de autores e de bibliografia sobre processos, organizações, métodos e sistemas. Por isso, também é vasta a literatura sobre a tentativa de conceituar o termo *processos*. Conforme indicado por D'Ascenção (2001), um processo consiste em um conjunto de causas que provocam determinado efeito. Nessa linha de raciocínio, uma instituição pode ser entendida como um processo. Isso porque ela é constituída para a criação de um produto ou serviço (efeito) realizado por interações entre indivíduos (causa) ao longo de sua existência.

O entendimento sobre processos pode se inscrever em um âmbito ainda maior, visto que até mesmo a evolução do homem e sua relação com a sociedade formaram relacionamentos complexos que podem ser qualificados como processos. Os seres humanos sempre precisaram necessitou de organizações que os satisfizessem em alguma medida por possuírem processos relacionados. Nesse sentido, também o conceito de organização pode ser ampliado para uma compreensão maior que contempla até mesmo organismos puramente sociais, filantrópicos, formais e informais. Todos eles apresentam processos que precisam ser respeitados e podem se valer de projetos para a otimização ou a adequação necessária em algum ponto.

A área de melhoria de processos organizacionais e seus estudos tem muita aderência com a necessidade de eficiência, tão presente nas organizações. Assim, abriu-se um vasto conjunto de possibilidades empresariais para entender, gerenciar e atuar no que concerne aos processos de uma organização. Em determinadas instituições, existem departamentos formados especificamente para esse aprofundamento, os quais podem ser compostos de chefia, gerente de processos, analistas e toda uma grande gama de intitulações do mundo organizacional (Davenport, 1994).

O gerenciamento de processos é aplicado nas mais diversas áreas, como a médica e a bancária, além das indústrias de transformação e de entretenimento. Empresas consideradas modernas ou tradicionais devem contar com processos e bem administrá-los.

Segundo Cury (2007), a criação de mapas de processos empresariais facilita a observação da tipologia organizacional. Esse mapa deve conter quatro características básicas: (1) manter asimplicidade para apresentar de forma direta as interações existentes na instituição; (2) incluir um elemento que quase nunca é representado nos organogramas organizacionais – o cliente; (3) apresentar também os não clientes, na visão do processo; e (4) compreender que os clientes também têm seus próprios processos.

Dessa forma, uma representação de processo organizacional pode ser exemplificada conforme a Figura 3.2, a seguir.

Figura 3.2 – Processos organizacionais

Nesse sentido, uma empresa contém diversas operações internas que auxiliam na viabilização de um produto final, as quais podem ser entendidas como processos.

No início do estudo sobre processos, toda e qualquer atividade relacionada na instituição era tida como fonte de estudo. Como exemplo, podemos citar desde a abertura de uma caixa até a inserção de informações básicas em um sistema. Isso levou as organizações a obterem um enorme número de processos que precisariam gerenciar.

Atualmente, vigora o entendimento de que nem todas as atividades de um processo precisam ser minuciosamente administradas. É importante promover o gerenciamento em grande escala dos processos organizacionais e de suas relações para a criação de um produto final. Contudo, quanto mais amplo for o mapeamento dos processos de um fluxo, menos detalhes significativos serão colhidos. É preciso estar atento a uma linha muito tênue entre o excesso de detalhes, nesse caso, desnecessários, e o mapeamento exagerado incapaz de apontar as minúcias do processo.

Uma abordagem necessária nessa área diz respeito ao mapeamento de processos, que consiste na utilização de técnicas que ilustrem efetivamente os processos correntes em uma instituição. De posse desse mapeamento, pode-se visualizar claramente as interações entre os indivíduos ou grupos de pessoas em um processo.

Esse mapeamento permite entender como um processo realmente ocorre, viabilizando, com isso, a efetiva proposição de melhorias. Nesse sentido, para a realização de projetos ágeis no ramo de processos organizacionais, o entendimento do processo atual é fundamental.

O conceito de mapeamento de processo em uma instituição deve levar em consideração alguns pontos importantes como: padronização, qualidade, perenidade e capilaridade.

De forma geral, o mapeamento de um processo dá subsídios para relacionar todos os envolvidos em uma sequência lógica e obter uma figura semelhante à apresentada na Figura 3.3:

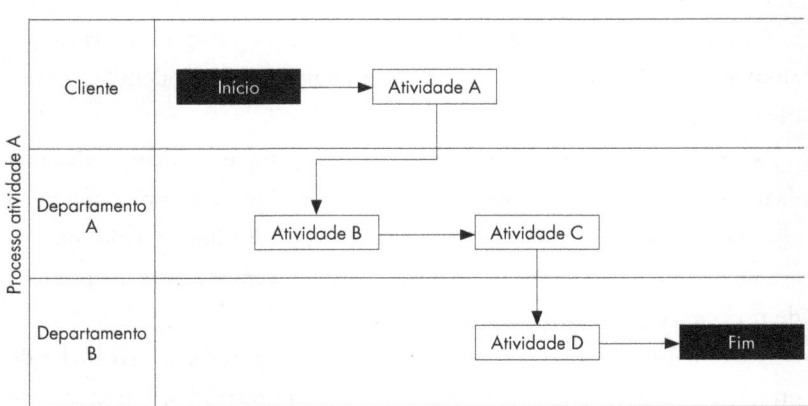

Figura 3.3 – Prática de mapeamento de processos

A imagem apresenta um fluxo, bastante simples, envolvendo um cliente e dois departamentos que se relacionam em algumas atividades sequenciais. Essa esquematização revela a que os processos organizacionais se propõem e de que forma sua aplicação ocorre.

Certamente, cada instituição cria mecanismos de padronização das atividades relativas a um processo. Deve-se analisar o grau de especificidade de cada ação no processo analisado, além da padronização de símbolos e a inclusão de cores para auxiliar na representação de cada processo. Esse tipo de estratégia auxilia na identificação da complexidade de um processo, e por meio dela torna-se possível aplicar projetos específicos para a sua melhoria.

Dessa forma, o exercício de mapeamento dos processos organizacionais deve estabelecer uma linguagem comum, quando se refere aos processos de cada negócio. É importante que os modelos obtidos pelo mapeamento dos processos consigam: identificar claramente as atividades pertencentes a um processo; aprofundar-se na verificação de processos complexos de acordo com o padrão existente na organização; utilizar um conjunto comum de símbolos e elementos que facilitem a compreensão do leitor; e permitir a visualização de fluxos que realmente criam valor para a organização (Cury, 2007).

Sob essa ótica, é importante ter atenção ao mapeamento de processos que realmente sejam relevantes para a organização. Entre os milhares de processos existentes nas instituições, há os formais e os informais. Todos eles ilustram o funcionamento da organização; porém, a atividade de mapear todos os processos mesmo de uma organização pequena é extremamente difícil. Por isso, um nível mínimo de abstração deve ser adotado no mapeamento, para que seu detalhamento não dificulte sua compreensão.

Para corroborar com esse processo de apresentação dos fluxos organizacionais, é importante abordar a padronização de registros de processos. Isso é necessário por conta da necessidade de se representar os fluxos de forma comum e, com isso, valer-se de elementos como imagens, cores, setas, quadros e diagramas, entre diversos outros.

Para a ilustração de processos que representem a realização de um fluxo de atividades, é necessário compreender os diferentes níveis do referido sistema: de organização; de criação de valor; de processamento primário; o processo em si; subprocessos ou atividades.

No nível da organização, as relações são observadas em um âmbito macro, com menor atenção ao detalhamento dos processos. Esse âmbito pode corresponder ao mercado em que a empresa atua. Assim, a organização sofre influências e restrições próprias de seu ramo de atividade. O nível mais elevado da modelagem de processo pode ser entendido como o macroprocesso de criação de valor para o cliente em um âmbito maior.

O segundo nível equivale ao sistema de criação de valor institucional, outro macroprocesso, porém, em um nível inferior ao da organização. Esse mapeamento apresenta uma visão mais abrangente do processo de criação de valor dentro da organização, por meio das interações observadas.

O nível seguinte refere-se ao sistema de processamento primário da organização. Este ilustra detalhadamente a cadeia de valores, explicitando as relações em macrogrupos dentro da instituição.

Já o nível de processo indica as atividades relacionadas à cada participante, bem como seus sequenciamentos. Geralmente, inicia-se com a entrada de determinada demanda e, gradativamente, evolui-se para a agregação de valor, geralmente até o produto ou serviço final chegar às mãos do cliente.

Por fim, o nível de subprocessos é o menor do mapeamento de processos. Por meio dele, as interações são identificadas com um nível de detalhes muito maior, evidenciando dentro dos fluxos a decomposição de atividades até o próximo processamento.

Tais análises são complementares. Dessa maneira, um mesmo processo pode ser ilustrado pelos mais diferentes níveis de aprofundamento até fazer sentido para o leitor. Essas informações ajudam a elaborar um planejamento e o monitoramento dos processos da instituição.

Esse tipo de atividade é válido porque tem o potencial de mitigar eventos de riscos que podem prejudicar o andamento natural de determinado fluxo. Somente assim pode ser realizado um planejamento de resposta aos riscos em um processo importante para a organização.

Em adição à abordagem sobre riscos, os diferentes níveis de aprofundamento de um processo, se analisados de forma atenta, podem promover melhoria no fluxo das atividades. Tal análise necessita de um projeto mais profundo, para que se reconheça seu escopo inicial, prazo e qualidade e, posteriormente, possa-se otimizar determinado processo.

A análise do mapeamento de processo também apresenta os recursos identificados, bem como seu sequenciamento. Assim, ela evidencia o nível de qualidade das relações no processo para que ele flua naturalmente. Somente depois de promover o relacionamento entre todos os envolvidos é que se pode entregar um produto ou serviço final para o cliente.

A execução de um mapeamento de processo consciente depende de um profundo conhecimento do processo de agregação de valor dentro da empresa. O total controle desse processo pode potencializar a criação do produto ou serviço final e, consequentemente, fidelizar plenamente o cliente.

De acordo com cada particularidade de mapeamento, os processos podem ilustrar de forma abstrata um quesito temporal para as suas atividades. Apesar de raramente serem incorporadas questões de tempo para a execução de cada atividade, ainda assim a disponibilização do recurso para a atenção total à atividade é importante. Aliado ao cronograma das atividades, é fundamental abordar os níveis de qualidade e de conformidade esperados.

Por isso, não é incomum a ilustração de um processo que apresente fluxos de atividades cíclicas, até que determinado nível de adequação legal ou de qualidade seja atingido. Somente depois disso pode-se prosseguir com o fluxo normalmente.

Nesse sentido, para aproveitar todo o benefício oferecido pelo gerenciamento dos processos organizacionais, é preciso levar em consideração a aplicação das técnicas de identificação e promover o levantamento de informações sobre o processo a ser estudado. Para tal operação, é preciso avaliar o prisma de planejamento estratégico da organização, bem como as suas estruturas. A escolha do processo a ser mapeado e gerenciado precisa atentar à necessidade de melhoria do negócio, em associação com o seu reflexo na visão estratégica da empresa (D'Ascenção, 2001).

Para estudar um processo, alguns elementos internos da organização devem ser levados em consideração, como a documentação já existente, o volume de trabalho, o nível de detalhamento e os custos e tempo previstos.

Uma das técnicas mais utilizadas no levantamento de um novo processo é a entrevista com os envolvidos, que se refere a uma técnica de alinhamento, de forma planejada, por meio da qual são colhidas informações sobre determinado tema.

Dessa forma, os envolvidos devem ter interesses comuns, que seriam a melhoria ou o gerenciamento de um processo organizacional. Para que o mapeamento de processos funcione com a coleta de informações por meio de **entrevistas**, há quatro pontos a serem observados: (1) a entrevista é um processo que exige técnica de conversação; (2) deve ser planejada para que seja possível colher todas as informações necessárias; (3) precisa ser documentada de forma organizada; (4) as duas pessoas (ou grupo) precisam querer resolver um problema ou uma situação comum. A observância desses quatro pontos subsidia o levantamento de informações para a otimização do mapeamento de processos (D'Ascenção, 2001).

Outro instrumento de coleta de informações para o mapeamento de processos é o **questionário**. Essa técnica auxilia na organização de informações quando os interessados não estão fisicamente no mesmo ambiente ou, por algum motivo, não podem estar presencialmente no levantamento (Cury, 2007).

A utilização de questionários é muito bem realizada quando se faz necessário um levantamento de informações numéricas precisas, quando o entrevistado está em outro lugar geográfico ou, ainda, quando é preciso desenvolver uma análise estatística apurada. Assim como a entrevista, o questionário também demanda uma organização que auxilie na ordenação lógica das respostas.

Outra prática importante em alguns cenários, com relação ao levantamento de informações sobre processos, é a **observação técnica**. Esse tipo de ação considera a simples observação por parte de um agente externo ao processo a ser analisado, para que, assim, seja possível perceber a complexidade, o fluxo e as particularidades de cada processo. Tal técnica demanda um conhecimento aprofundado da organização por parte dos envolvidos, que a empregam para verificar como determinado processo opera (D'Ascenção, 2001).

As três técnicas citadas apresentam vantagens e desvantagens; no exercício de observação direta, é possível perceber maior desvantagem no quesito análise de um processo. É comum que agentes internos, diante da presença de um agente externo no local de trabalho, evidenciem as atividades ou os problemas de acordo com seus interesses. Isso pode causar dano ao processo de mapeamento.

Por fim, uma quarta técnica importante para o mapeamento de processo é a **análise documental**. Diversas instituições contam com documentos sobre como os processos e a geração de valor ocorrem em cada departamento ou setor. Assim, a análise dos documentos pode produzir muitas informações sobre processo.

É importante que o mapeamento de processos evidencie algumas respostas a questões próprias do fluxo, e que estas viabilizem aprofundamentos. Assim, é preciso desenvolver uma atitude analítica nesse mapeamento.

A esse respeito, apresentamos no Quadro 3.2 algumas perguntas a que o mapeamento deve responder, em conjunto com uma posição proativa com relação à análise.

Quadro 3.2 – Mapeamento de processos

O mapeamento deve responder:	A análise deve responder:
O que é realizado?	O que deveria ser realizado?
Como é realizado	Como deveria ser realizado?
Quem realiza o que?	Quem deveria realizar?
Qual o custo?	Qual deveria ser o custo?
Onde é realizado?	Onde deveria ser realizado?
Quando é realizado?	Quando deveria ser realizado?
Para quem é realizado?	Para quem deveria ser realizado?
Quem aprova?	Quem deveria aprovar?

Todos esses questionamentos são base para a tomada de decisão, e uma análise mais aprofundada deles deve ser considerada. Para isso, a criação de um projeto específico de melhoria do processo pode ser sugerida.

Contudo, para que seja possível responder a tais questionamentos, uma padronização dos registros dos processos se faz necessária.

De forma introdutória, além da padronização dos registros dos processos, é importante analisar o *Business Process Model and Notation* (BPMN), que visa à criação de mecanismos diretos e simples que facilitem a compreensão do leitor sobre determinado processo institucional (Pavani Junior; Scucuglia, 2010).

Muitas vezes, a atividade de mapeamento de processos é realizada de forma desarmonizada e sem nenhum tipo de padrão interno. Assim, a padronização pretendida pelo BPMN torna possível identificar e ilustrar os processos complexos de cada atividade (Pavani Junior; Scucuglia, 2010).

Uma instituição precisa se valer de fluxogramas que devem ser compostos de objetos previamente padronizados. Cada um desses objetos deve contemplar um entendimento comum sobre determinada atividade dentro de um fluxo lógico. Nessa ótica, a seguir apresentaremos alguns objetos para serem utilizados como padrão de fluxogramas de processos de trabalho. Contudo, em algumas instituições, pode haver algum tipo de flexibilidade pertinente à natureza de sua operação.

Via de regra, os objetos de um fluxo podem ser considerados inserções necessárias para ilustrar de forma clara o sequenciamento de determinada atividade. Eles auxiliam na representação de ações promovidas dentro do fluxo, as quais podem ser complexas ou meras representações simples de atividades lineares.

Um dos primeiros elementos de padronização necessários para a representação de um processo são os eventos. Dentro de um fluxo, um evento pode corresponder a uma ação comumente exemplificada, como o recebimento de determinado documento necessário no sequenciamento. Os eventos dividem-se em: de início, intermediário e de fim do processo mapeado.

Os eventos de início e fim são objetos importantes que identificam o começo e o término do fluxo de atividades. O evento do tipo intermediário pode ser inserido ao longo do processo, durante a execução de uma atividade que altera o estado do processo.

Outro objeto utilizado comumente nos fluxos é a representação de atividade. Ela costuma ser identificada como um quadro em que são inseridas as atividades ou os subprocessos de fluxo.

As atividades correspondem a trabalhos realizados dentro do processo. Alguns exemplos são o recebimento de um material, a emissão de uma nota fiscal e a preparação de um produto. É comum designar tarefas diretas e simples com esse objeto.

Os subprocessos equivalem a atividades agrupadas, que, para facilitar a identificação, são apresentadas com o símbolo "+" logo abaixo do quadro. É comum visualizar os processos identificados com essa figura como decompostos em um diagrama posterior, para maior detalhamento.

Outro objeto é o *gateway* (Figura 3.4), que segundo Cury (2007) pode ser divergente ou convergente. Quando esse objeto é utilizado, significa que o fluxo pode tomar mais de um caminho lógico. Ele implica buscar compreender a lógica de se seguir por um caminho ou outro.

Figura 3.4 – *Gateway*

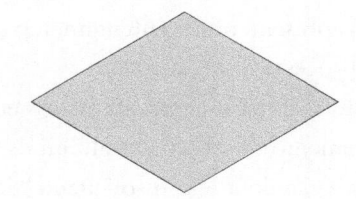

Comumente esse objeto é usado para sinalizar que o fluxo pode tomar determinado caminho se apresentar enquadramento para tal ou tomar outra direção caso não tenha atingido certa classificação. Logo, ele identifica processos diferentes de acordo com o nível de qualidade existente no fluxo.

Um objeto fundamental para a representação de fluxos são os conectores, que dão sentido e mostram o sequenciamento do processo. Eles são representados por uma seta apontando determinado caminho sequencial, como exposto a seguir.

Figura 3.5 – Conector

Os conectores ligam determinada atividade ou objeto etapa seguinte e podem atravessar as raias existentes no fluxo. As raias são elementos ilustrativos que separam os participantes, que correspondem a departamentos, setores, colaboradores, fornecedores ou quaisquer outros que tenham atividades presentes no processo analisado.

As raias explicitam a interação entre as classes de envolvidos, ou seja, pode-se identificar suas atividades ao longo do processo de modo simplificado. Há diversos outros objetos que podem detalhar e enriquecer o fluxo de processo em determinada organização; porém, de forma introdutória, os aqui citados compõem a base do fluxo.

Esse tipo de ilustração, levando em conta a otimização de mapeamento de processo e a padronização organizacional dos registros, facilita o trabalho de melhoria dos processos existentes. É importante enfatizar que o mapeamento de processos demanda uma aprovação final, para que outros interessados também apresentem seu entendimento e, assim, contribuam com a ilustração do processo a ser analisado.

É curioso que muitas tarefas são executadas nas empresas por pessoas que detêm o conhecimento empírico e realizam os processos de forma intuitiva. Entretanto, quando a elas é solicitado "desenhar" o fluxo do processo, podem até mesmo encontrar formas mais práticas de executar a mesma função. O simples fato de se deslocar da execução para fazer a análise da tarefa desenhando a forma como esta deve ocorrer gera por si o benefício imediato da documentação e da análise.

A documentação é favorável para que se mantenha o padrão de execução. Também, é muito útil em casos de substituição temporária ou permanente. Outra vantagem de dedicar esse momento para transcrever se relaciona à própria análise do fluxo em si. Com esse tipo de atividade, é possível responder a dois questionamentos importantes com relação ao mapeamento do processo: Todas as etapas são necessárias? Estão desenhadas de forma favorável a otimizar os recursos?

Ambos os questionamentos básicos são necessários para a criação de um projeto de melhoria de processos organizacionais. De forma dinâmica e levando em conta a complexidade do mundo atual, as metodologias ágeis de projetos podem proporcionar significativo ganho organizacional, se aplicadas de forma correta.

3.2 Gerenciamento de projetos ágeis na melhoria dos processos organizacionais

Na prática, os projetos ágeis acontecem de forma muito diferente daqueles tradicionais ou preditivos. Isso ocorre em virtude de diversas técnicas e controles aderentes ao gerenciamento de projetos tradicionais, mas sem aderência à aplicação em projetos ágeis. Nesse cenário, há grande importância na atualização perante as possibilidades de gerenciamento efetivo de projetos ágeis.

Para exemplificar essa afirmação, retomemos a abordagem referente às áreas de gerenciamento de um projeto. Se nos projetos preditivos existe atenção individual em cada área de gerenciamento (por exemplo, área de cronograma, qualidade e comunicação), nos projetos ágeis o foco está na **integração das áreas**. Assim, todas as áreas são analisadas de forma integrada, conferindo maior dinamicidade a seus acompanhamentos.

Por essa razão, é recomendável manter foco nas práticas de cada gerenciamento ágil. Se o *framework* utilizado for o Scrum, será necessário ter atenção aos *sprints*, aos papéis e às suas interações. Portanto, o projeto pode ser realizado de forma gradual, possibilitando atender às expectativas dos interessados.

A aplicação de projetos na área de processos organizacionais requer o engajamento da equipe. Esse tipo de habilidade auxilia no ganho de celeridade e dinamismo e, por conseguinte, impacta positivamente outras áreas que precisam ser administradas. Dessa forma, práticas aplicadas no ambiente de projetos, como habilidade de planejamento e realização efetiva de reuniões, são ferramentas que se valem da comunicação e reduzem problemas com a equipe. Ou seja, sem o conhecimento de práticas e técnicas no âmbito da comunicação, o projeto ágil no campo de processos pode sofrer muitas influências negativas.

A execução efetiva de um projeto ágil é a fase em que se visa garantir que os objetivos previamente definidos sejam alcançados. Nesse período, checa-se o planejamento ágil idealizado quando de sua criação, independentemente da metodologia escolhida, está acontecendo como o previsto. A escolha da metodologia para se construir um projeto ágil é livre, estando disponíveis no mercado muitas opções; também é possível associar várias metodologias e práticas. Acrescentamos que, independentemente de o projeto ser preditivo ou adaptativo, o momento de sua execução clarifica qual é a situação do projeto (Camargo; Ribas, 2019).

A execução do projeto, bem como a atenção dispensada à equipe destinada aos trabalhos, apresenta a maturidade da instituição no que concerne ao gerenciamento de projetos. Assim, o completo entendimento das respectivas atividades referente ao engajamento da equipe, assim como o diálogo aberto, motiva a equipe e auxilia na obtenção de êxito na experiência com projetos.

Nos projetos ágeis, a instituição de um líder que zele pela equipe é de suma importância. Esse líder pode ser chamado de *gerente de projeto* ou ser designado de outro modo, dependendo da forma utilizada para a realização do projeto. Esse tipo de observação também se aplica ao tamanho do projeto e da equipe, pois o relevante, nessa situação, é a existência de uma figura que assuma um papel de autonomia para auxiliar nesse processo.

A esse líder cabe incentivar toda a equipe e focar nas demandas que recaem no âmbito de seleção e planejamento da equipe em reflexo às demandas do projeto. É importante focar na formação desse grupo de pessoas levando em conta as aptidões de cada membro que são importantes para a criação do projeto.

Segundo Massari (2018), equipes ágeis fortemente construídas têm por características a autodireção e a auto-organização. A flexibilização também é outra variável a se considerar nos ambientes de projetos ágeis. Dessa forma, a construção de **autonomia** por parte da equipe gera confiança e harmonia dentro da instituição.

Para Cruz (2013), equipes auto-organizadas em projetos normalmente selecionam os pacotes de trabalho e sabem como implementá-los ao longo do projeto. Assim, equipes de autodesempenho identificam as atividades e realizam o fluxo de informações, construindo o projeto com relativa facilidade. Nesses ambientes, um líder de projeto ágil tem sua atuação marcada por orientação constante e no diálogo com a equipe. Essa figura não deveria delegar atividades concretamente, tampouco impor de forma incisiva seu ponto de vista aos demais integrantes do time.

Atitudes dessa natureza estão diretamente relacionadas aos níveis de poder e de autodireção concedidos para a equipe. Com efeito, as equipes com elevado poder de direcionamento tendem a criar regras ou hábitos que auxiliam no processo de tomada de decisão em determinado momento. Nesse sentido, para a realização do gerenciamento de projetos ágeis, é indicado estimular a auto-organização da equipe. Com isso, a flexibilização do projeto deve ser submetida à análise da equipe, para que, assim, seja possível concluir todos os pacotes de trabalho do projeto.

Essa atitude é importante nos projetos ágeis, em virtude de coexistirem diferentes realidades para organizar e monitorar a equipe e o projeto em si. Em algumas empresas, não se verifica a hierarquia como tradicionalmente concebida, e para a evolução do projeto essa realidade precisa considerada. As equipes alocadas para a conclusão das atividades do projeto devem ser planejadas com o intuito de propiciar um sentido de responsabilidade e um fluxo contínuo de informações pertinentes ao projeto.

Por essa razão, o processo de formação da equipe deve acontecer nos momentos iniciais do projeto, para que, de forma cada vez mais antecipada, outros olhares sejam introduzidos e auxiliem na conclusão dos pacotes de trabalho. O processo de criação da equipe pode ser decisivo para o sucesso do projeto. De acordo com Massari (2018), alguns pontos devem ser observados na formulação da equipe alocada em um projeto ágil. É preciso, por exemplo, criar uma visão compartilhada para a equipe; explicitar as expectativas de forma clara; criar metas realistas; ter um limite de componentes da equipe, aproximadamente 12 pessoas; construir uma identidade da equipe; e prover uma forte liderança.

Um aspecto que causa muitos debates no ambiente de projetos ágeis diz respeito ao número máximo de membros da equipe do projeto (Cruz, 2013). Na prática, a realização de um projeto ágil pode ser considerada uma atividade muito difícil com uma equipe de aproximadamente 50 pessoas. Com relação aos projetos maiores, com muitas pessoas envolvidas e grandes volumes de dinheiro e expectativa dos interessados, é pertinente adotar a ótica de projetos preditivos. Dessa forma, é aconselhável proceder à observação de todas as áreas de gerenciamento, bem como à atenção ao escopo de forma central.

O processo de comunicação dentro de um projeto deve ser realizado de forma plena pela equipe, sempre prezando pela clareza e pelo compartilhamento da informação entre os envolvidos. Dessa forma, esse processo será feito sem muita dificuldade se forem utilizados os marcos ou rituais de comunicação, tidos como premissas de algumas metodologias ágeis. Nesse sentido, para que a comunicação ocorra e, com isso, seja possível engajar a equipe em prol dos objetivos do projeto, a visualização de um limite de pessoas pertencentes ao projeto é de suma importância.

Esse número de pessoas deve permitir que a comunicação seja realizada em sua plenitude. Por esse motivo, é essencial contar com a habilidade de um gerente ou centralizador de um projeto ágil na área de processos, uma figura capaz de perceber essas nuances de forma concreta, auxiliando no correto desenvolvimento do projeto.

Ainda sobre a importância de realizar uma organização prévia da equipe em um projeto ágil, é necessário levar em consideração pontos sobre a motivação pessoal dos membros. O gerente do projeto deve sempre se preocupar com os anseios pessoais de todos os integrantes. Isso é importante para se constatar que os objetivos individuais não comprometam os objetivos do projeto.

Para a formação da equipe, é necessário considerar o nível de percepção de todos os membros no atinente aos objetivos do projeto. A utilização de uma classificação sobre as impressões dos integrantes auxilia na tomada de decisão e potencializa a experiência com projetos ágeis. Para tal tarefa, devem-se considerar cinco tipos de percepções: (1) resistência; (2) participação passiva; (3) participação ativa; (4) comprometimento; e

(5) inovação. Coexistem todos esses tipos de percepção dentro de uma equipe altamente eficaz (Massari, 2018).

De forma geral, a verificação desse tipo de classificação quantifica o nível de motivação de cada colaborador, sendo o mais baixo o da resistência, e o mais alto o de inovação. Nesse sentido, é importante haver troca de informações, percepções e questionamentos para a finalização do projeto. Por isso, é vital haver ao menos um membro com cada uma destas percepções.

Contudo, essa classificação precisa ser reiterada com frequência, porque os diferentes níveis de percepções (e motivações) sobre o projeto não são fixos. Em um momento específico, um integrante pode estar enquadrado em uma categoria de alta motivação, mas, com a evolução do projeto, sua motivação pode diminuir, chegando ao nível de resistência. Esse exemplo evidencia a importância de promover um acompanhamento constante por todo o ciclo de vida de um projeto.

Essa é mais uma constatação de que um responsável atuante é primordial. A função de acompanhar os *sprints*, selecionar os pacotes de trabalho a serem escolhidos, bem como fazer o monitoramento da equipe, é extremamente importante para o projeto.

Uma das práticas mais comuns e que auxiliam no acompanhamento de um projeto ágil é a realização de reuniões periódicas (Cruz, 2013). As reuniões são aliadas no processo de medição da satisfação e da motivação da equipe. São realizadas de forma intensa em algumas metodologias e *frameworks* de gerenciamento de projetos ágeis e é possível verificar sua utilização de forma diária com objetivos definidos.

Via de regra, no início de cada dia, a realização de reuniões ajuda na real mensuração dos riscos e das atividades a serem realizadas no projeto. Todavia, para serem efetivas, as reuniões devem: ser dinâmicas, rápidas e diretas; ter duração máxima de 30 minutos; quando diárias, estarem isentas da intenção de apresentar o projeto para os responsáveis, mantendo-se o propósito de responder: O que foi possível realizar ontem? O que vou realizar hoje? Há algum impeditivo?

As metodologias de projetos intitulam esse tipo de reunião como *Daily Stand-Up*, que tem como premissa o nivelamento de informações sobre o projeto. Como elas são realizadas constantemente, devem ser idealizadas de forma direta, clara e completa para todos os envolvidos (PMI, 2017b).

Há também a possibilidade de se fazer reuniões mais espaçadas e que podem auxiliar na obtenção de informações em um campo específico no projeto. Reuniões com a participação da alta direção ou até mesmo do Project Management Office (PMO) quando existente na empresa são alguns exemplos de eventos necessários para o projeto. Nesse sentido, a fim de que os agentes contribuam eficazmente, é necessária a prévia convocação, a utilização de uma pauta e a confecção de uma ata ao final, apresentando todos os pontos discutidos.

Em projetos ágeis, a comunicação efetiva precisa ser realizada de diferentes formas, que vão desde práticas diárias, formação da equipe até a realização de reuniões periódicas. A comunicação plena ajuda a equipe destinada aos trabalhos, os demais demais envolvidos internos e o cliente externo a compreenderem o projeto em sua totalidade. Assim, trata-se de uma ferramenta poderosa para que todas as outras áreas e atividades do projeto ágil sejam concluídas. A comunicação requer o emprego de práticas, habilidades e ferramentas, a fim de extrair dela os maiores benefícios em prol do projeto.

Dessa forma, a comunicação pode ser considerada uma área, e não um evento que acontece de forma autônoma e sem nenhum tipo de gerência. Pelo contrário, em projetos ágeis na área de processos organizacionais, ela precisa ser monitorada, planejada e estruturada. Somente entendendo a comunicação como aliada, é possível garantir que o projeto ocorra de forma a atender à expectativa dos envolvidos.

Em outros termos, para que o fluxo de comunicação seja efetivo em um projeto ágil, é importante criar um planejamento que contemple as particularidades do processo de comunicação. Não se trata apenas da comunicação entre os envolvidos, mas também de como a informação alcança a pessoa certa, no momento em que ela seja útil e da forma mais barata possível.

Assim, é importante compor um ambiente organizacional que favoreça esse e, consequentemente, facilite a tomada de decisão muito mais facilitada. Nesse contexto, a tecnologia disponível para o projeto pode ser a grande facilitadora da comunicação.

Também é válido salientar que a tecnologia não pode, por si, dirimir os problemas e as particularidades pertencentes aos projetos em ambiente ágil. Ela é uma ferramenta que facilita o processo de comunicação entre todos os envolvidos, mas não configura o fim do processo.

Em verdade, a tecnologia pode ser uma importante aliada no processo de levar a informação para a pessoa certa, no momento ideal e de forma mais acessível. Ela nada mais é do que um meio tecnológico de inserção e retirada de informação para a tomada de decisão. Existem diversos sistemas que podem auxiliar nessa área, cada um com suas características.

A escolha do sistema que atenderá ao ambiente ágil deve ser criteriosa. Em organizações que passam por esse processo de decisão, verifica-se a robustez do sistema, além da complexidade e diversificação de funcionalidades existentes.

A tecnologia como ferramenta não pode ser considerada um empecilho para os envolvidos, mas um meio que facilita os trabalhos no projeto. No âmbito da comunicação, a assertividade é uma premissa importante e que precisa ser considerada (Chaves et al., 2010).

Para projetos ágeis, é relevante entender a comunicação e realizar o aprofundamento dos diferentes tipos e estilos de comunicação e que impactam decisivamente o projeto. Diversos autores realizaram pesquisas nesse campo, buscando indicar todos os tipos e estilos de comunicação existentes. Ainda não existe um consenso nessa área, pois alguns autores utilizam um agrupamento de estilos de comunicação, ao passo que outros apresentam outras propostas.

De forma geral, apesar da grande diversidade de interpretações, os tipos de comunicação são classificados na maior parte da literatura como não verbal, verbal e paralinguística.

A **comunicação verbal** abrange a utilização escrita ou falada das palavras. É a forma de comunicação habitual no ambiente de projeto, porém, pode se valer de outros estilos para auxiliar na interpretação da mensagem por parte do receptor da comunicação. Logo, a comunicação verbal pode utilizar elementos de uma comunicação não verbal para o alcance do completo entendimento na troca de informações.

Por seu turno, a comunicação não verbal corresponde à utilização de sinais físicos, tão comuns em uma conversa e que potencializam o processo de entendimento da mensagem. Existem mais de 700 mil sinais não verbais que tornam mais assertiva a comunicação entre dois ou mais indivíduos (Chaves et al., 2010).

O senso de urgência e o grau de intensidade marcam a comunicação não verbal efetiva. Diferentes sinais físicos ou gestuais veiculam a noção de intensidade que a comunicação precisa ter em um diálogo. No ambiente de projetos, a análise e a atenção à linguagem não verbal evidenciam mais informações sobre a comunicação entre as pessoas do que as palavras escolhidas por elas.

Sob essa ótica, é necessário estar atento ao processo de comunicação realizado por toda a equipe do projeto. Assim, pode-se entender como ocorre a interação entre os envolvidos. De acordo com Chaves et al. (2010), a utilização da comunicação presencial deve ser priorizada, pois somente ela permite empregar mais diversas formas de comunicação não verbal entre os envolvidos.

Portanto, a visualização de expressões faciais, movimentações das mãos e dos braços facilita o entendimento e o fluxo contínuo de informação em ambientes de projeto. Além disso, a comunicação presencial possibilita repetições, as quais auxiliam no entendimento da comunicação em pontos que podem não ter ficado inicialmente claros.

Por sua vez, a **comunicação paralinguística** corresponde à utilização das diferentes entonações da voz. Apesar de alguns estudos associarem-na à comunicação não verbal, ela se utiliza de paralinguagem, um ramo de estudos ligado a aspectos considerados não verbais observados na fala (Mesquita, 1997).

Deve estar claro, a voz é uma forte ferramenta na comunicação e também auxilia na compreensão da informação. O campo de comunicação ligado à análise paralinguística está preocupado com o estudo das nuances da voz. A utilização de diferentes entonações também pode facilitar o processo de comunicação, tornando-o mais assertivo.

A seguir, apresentamos, no Quadro 3.3, um resumo dos diferentes tipos de comunicação usadas em um projeto ágil.

Quadro 3.3 – Tipos de comunicação em projetos ágeis

Tipos	Uso
Verbal	Linguagem falada ou escrita
Não verbal	Uso de sinais físicos e faciais
Paralinguística	Entonações da voz

Fonte: Elaborado com base em PMI, 2017a.

Os estudos sobre os tipos de comunicação são bastante vastos, e autores como Mesquita (1997) e Chaves et al. (2010) propõem subgrupos para detalhar os tipos de comunicação existentes nas organizações. O *Project Management Body of Knowledge* (PMBOK) (PMI, 2017a) também versa sobre essa importante temática que facilita a troca de informações em projetos. Nesse sentido, há diversas classificações sobre as possibilidades e formas de comunicação.

Por isso, vale salientar que os tipos de comunicação são associados a outros instrumentos que facilitam esse processo. Assim, para o aprofundamento dos estilos de comunicação, é importante entender seu conceito e de que forma podem atuar. Os estilos de comunicação são: informal e formal (Dinsmore, 2005).

No ambiente de projetos ágeis, os dois estilos de comunicação coexistem e cooperam. Engana-se quem pensa que a comunicação formal tem exclusividade no ambiente organizacional. Os envolvidos nos pacotes de trabalhos, bem como o gerente de projeto, precisam estar atentos tanto à utilização da comunicação formal quanto da informal no projeto.

Conceitualmente, a **comunicação informal** equivale à troca de informações informal e sem regras preestabelecidas. Quem usa esse tipo de estilo preza por uma comunicação mais livre nos quesitos gramatical e de linearidade. Na comunicação informal, a escolha de palavras, entonações e gestos pode ser considerada mais livre.

Assim, sua utilização requer um alto nível de confiança, maturidade e intimidade entre os envolvidos. Muitas vezes, observa-se que esse estilo de comunicação é adotado por parte da equipe, mas não por todos. Todavia, em algumas instituições, impera uma comunicação mais flexível e aberta (Dinsmore, 2005).

Já a **comunicação formal** envolve uma organização acentuada tanto na escolha de palavras quanto na linearidade do processo de comunicação. Esse estilo implica um planejamento maior de como a comunicação ocorrerá entre todos os envolvidos. Vale salientar que a comunicação formal ou informal pode ser escrita ou falada. Assim, pode haver a necessidade de uma comunicação formal e escrita, via de regra, com a utilização de revisões e aprovação de texto; igualmente, pode ser necessária uma comunicação informal e escrita, evidenciando um alinhamento rápido entre os envolvidos que precisa ser tratado entre eles (Dinsmore, 2005).

Nesse sentido, a fim de que o processo de comunicação aconteça de forma assertiva em um ambiente de projetos ágeis, deve-se planejar como ele deve acontecer (Chaves et al, 2010). A atenção aos tipos e estilos de comunicação precisa considerar que eles podem ser utilizados em conjunto e de forma simultânea. Logo, deve haver espaço para que a troca de informações ocorra, levando em conta todas as particularidades existentes.

A comunicação efetiva possibilita alcançar êxito no gerenciamento de projetos e em todas as demais áreas que abrangem a administração de instituições. O total conhecimento sobre as formas, os estilos e as barreiras que podem dificultar o processo de comunicação constitui uma habilidade demanda de todos os envolvido.

Isso decorre da total aderência da comunicação às atividades de uma empresa e ao gerenciamento de projetos. Existe muita preocupação com diversas áreas de gerenciamento, sistemas altamente eficazes e alta qualidade de acompanhamento de custo em projetos. E, para que todas as áreas progridam em suas atividades, a utilização de uma comunicação efetiva é fundamental.

Todas as ferramentas, técnicas e sistemáticas aqui apresentadas contribuem para o sucesso do gerenciamento de projetos de qualquer área. Tanto os projetos alocados à área de tecnologia de informação quanto à área de recursos humanos, por exemplo, têm de atentar a todos os elementos aqui apresentados.

O gerenciamento de projetos na área de processos organizacionais pode auxiliar uma instituição em três frentes: (1) criação de um setor responsável pelo gerenciamento de processos organizacionais; (2) desenvolvimento de um projeto que altere ou mesmo modernize um setor de processos; (3) criação de projetos de melhoria nos processos já mapeados na organização.

Sobre a primeira forma, pode-se utilizar o exemplo da criação de um setor para o gerenciamento de processos. Para isso, todas as áreas de gerenciamento devem ser analisadas, primando-se por um grande arcabouço de documentos que suportem a criação desse novo setor dentro da instituição. A intenção não é burocratizar um projeto necessário para a empresa, mas muni-la de informações comprovadamente verossímeis para o início do projeto.

Dessa forma, uma análise de *business case*, um termo de abertura, com uma abordagem inicial sobre escopo, cronograma e interessados, auxiliaria os trabalhos posteriores. A relevância da comunicação independente da metodologia de projetos escolhida.

Posteriormente, é necessário descrever as funções, as análises e o fluxo que as informações deverão percorrer dentro do setor, além da comunicação do setor com o restante da empresa. Metodologias ágeis podem auxiliar de diversas maneiras nessa ação, dependendo da particularidade encontrada no cenário em que o setor precisa ser instituído.

O *framework* Scrum, por exemplo, pode auxiliar na organização e na previsão de entrega do produto final do projeto, que nesse caso se refere ao setor de gerenciamento de processos organizacionais. A equipe do projeto é constituída segundo o entendimento do fluxo de informações necessárias para o setor.

Por sua vez, um projeto para auxiliar na modernização de um setor de gerenciamento de projetos em uma organização pode se valer de informações, fluxos e indicadores que representem a realidade observada. Posteriormente, deve-se identificar qual desempenho se pretende alcançar com a modernização do setor e de que forma um projeto pode contribuir para esse propósito.

Em algumas instituições, o desempenho do setor de processos fica muito aquém da expectativa da empresa. Reconhecendo isso, é recomendável promover uma criteriosa análise de quais partes do trabalho do setor não estão sendo otimizadas, a fim de que a criação de um projeto possa auxiliar de forma mais efetiva.

Considerando essa realidade, um projeto pode focar na modernização de sistemas utilizados pelo setor de processos quando isso se fizer necessário. Ainda, um projeto pode ter como propósito elaborar estudos sobre as causas do baixo desempenho de um setor. Após essa constatação, é importante constituir um grupo que trabalhe de forma efetiva no projeto.

Por conseguinte, um projeto poderia ser criado com o escopo definido em conformidade com a realidade da instituição. Esse projeto poderia se valer de reuniões diárias, seleção do *backlog* do projeto de acordo com as prioridades, entre várias outras técnicas próprias do gerenciamento ágil de projetos.

Por fim, a terceira forma de um projeto auxiliar no gerenciamento de processos diz respeito à **melhoria dos processos**. Para que isso seja possível, à empresa mapear previamente os fluxos. Assim, pode-se realizar um projeto ou grupo de projetos que atuem de forma sincronizada na melhoria dos processos já instituídos.

É preciso saber exatamente como os fluxos estão sendo realizados na organização e como eles poderiam agregar mais valor. Para isso, a criação de um projeto consegue articular ferramentas, práticas e habilidade de forma focada para a obtenção de melhorias em determinada área.

Na prática, a atenção ao mapeamento do cenário organizacional e uma criteriosa análise dos envolvidos e de suas percepções, aliadas a uma formação de equipe eficiente, são extremamente necessários para a efetivação desse projeto de modernização dos processos organizacionais.

As metodologias ágeis podem auxiliar nesse tipo de realidade, por conta do dinamismo, da eficiência e da comprovada satisfação quanto às suas aplicações. Esse cenário evidencia o aumento de capilaridade presenciada com o gerenciamento ágil. Em termos práticos, há ferramentas e técnicas que podem ser aplicadas e que realmente conseguirão otimizar o resultado esperado pela instituição.

Contudo, para aplicar de metodologias ágeis a essa realidade, requer-se a habilidade de comunicação, pois ela constitui uma ferramenta de grande valia, independentemente da área de sua aplicação. A principal função da atenção à comunicação é entender de que forma a informação chegará ao interessado a fim de conceder mais benefícios ao projeto.

No caso específico da área de gerenciamento de processos, o entendimento dos fluxos, bem como da realidade apresentada, é extremamente necessário. Isso evidencia a multidisciplinaridade existente na aplicação do gerenciamento de projetos independentemente da área a ele estipulada. O responsável pelo projeto precisa ter conhecimento de práticas de projetos e também necessita apresentar habilidades da área em que o projeto está sendo aplicado. Essa noção auxiliará no alcance do projeto como resultado final.

Certamente, em algumas realidades, é preferível que o responsável pelo projeto tenha mais noção sobre gerenciamento e prática do que da área em que o projeto está sendo aplicado. Entretanto, com relação à área de processos, para que seja possível promover o diálogo e o entendimento em busca de um melhor contexto, é preciso conferir os relatórios e contextualizá-los.

Para a melhoria no gerenciamento de processos, as práticas ágeis podem auxiliar no que tange à priorização de *backlog* do projeto, ou seja, na escolha dos processos que serão tratados com prioridade ou, ainda, na criação de uma regra de análise que será aplicada a todos os mapeamentos já realizados.

De forma direta, a realização de um acompanhamento de escopo de projeto, de reuniões de verificação e de retrospectiva, bem como a criação de uma equipe multidisciplinar, podem conferir a esse tipo de projeto aproximações ao gerenciamento ágil e, com isso, alcançar bons resultados. A sistematização de uma estrutura que torne os processos aptos a serem melhorados pode surgir como resultado de um projeto aplicado à área de processos. Assim, como as opções e o foco dos projetos podem ser muitos, a aprovação e a orientação de um patrocinador se tornam muito importantes (Barcaui, 2012).

A fim de que todo esse arcabouço de possibilidades ágeis aconteça em um projeto, é necessário evitar as barreiras que podem comprometer a comunicação entre os envolvidos e, por conseguinte, dificultar o projeto. Mesmo em um projeto ágil, deve-se considerar fazer um planejamento da comunicação. Independentemente de como esse planejamento for construído e de como ele será composto, deve-se primar por certo nível de organização que proporcione um planejamento mínimo no quesito comunicação.

O nível de detalhamento desse planejamento depende da empresa, bem como de sua experiência e do detalhamento dos projetos. Todavia, na organização de informações sobre a comunicação de um projeto na área de processos organizacionais, um espaço para a análise das barreiras de comunicação deve ser considerado.

A intenção não é abordar somente os pontos e as orientações com relação à comunicação no projeto, como ela se dará e quais serão suas particularidades, mas também abordar as barreiras de comunicação e as maneiras como elas podem comprometer o processo de comunicação e, por conseguinte, o projeto e o entendimento dos fluxos.

Se não forem analisadas de forma criteriosa, as barreiras de comunicação poderão comprometer o projeto e, possivelmente, o andamento das atividades apresentará um grande ponto de vulnerabilidade. Isso porque as barreiras atuam no projeto e obstam o entendimento no processo de comunicação. Elas devem ser analisadas minuciosamente, pois comprometem o processo de comunicação, independentemente do estilo ou mesmo do tipo de comunicação utilizada.

Quanto a essa temática, vários autores e analistas aprofundaram seus estudos para entender quais e quantos são os grupos de barreiras de comunicação existentes nas organizações. Esse é o caso dos estudos de Chaves et al. (2010), do PMBOK (2017) e de Carvalho et al. (2016). A seguir, teceremos algumas considerações a respeito das barreiras mais comuns em projetos aplicados à área de processos. Podemos identificar três grupos de barreiras de comunicação que precisam ser avaliadas: (1) barreiras de conhecimento, (2) comportamentais e (3) técnicas (Chaves et al., 2010).

Sobre as barreiras da comunicação para os projetos aplicados na área de processos, estas devem ser tratadas de forma específica, utilizando-se de um planejamento que contemple suas particularidades. A resolução dessas barreiras não acontece de forma espontânea dentro do projeto. É preciso antever os eventos, identificar os pontos de melhoria e tratá-los individualmente.

Uma das formas práticas de dirimir problemas com relação a barreiras de comunicação que incidem em projetos ágeis é realizar uma previsão sobre como a comunicação pode acontecer entre os envolvidos, além de idealizar a frequência com a qual ela será realizada. Dessa forma, será mais fácil o trabalho de identificar e contornar problemas (Cruz, 2013).

A falta de comunicação pode causar muitos danos a um projeto na área de processos organizacionais. Muitos projetos não alcançam o sucesso esperado por não darem tanta relevância à comunicação e às barreiras que impedem o fluxo de informações no projeto. Muitas organizações mundo afora comprometem quantias volumosas de dinheiro em identificação e prevenção de riscos em projetos ágeis e se esquecem de que, com a redução das barreiras de comunicação, o projeto certamente obterá bons resultados (Carvalho et al., 2016).

De forma geral, as barreiras de comunicação são eventos que podem reduzir ou distorcer o completo entendimento no diálogo entre dois ou mais indivíduos. Elas obstam o perfeito fluxo comunicacional do emissor para receptor no processo de troca de informações. Em outras palavras, causam diversos danos em todas as partes do projeto, e se não forem tratadas de forma efetiva, poderão até mesmo atrapalhar o andamento das atividades (Chaves et al., 2010).

As barreiras ligadas ao **conhecimento** atuam diretamente no processo de troca de informações e podem ser percebidas quando existe um despreparo ou desconhecimento de como a comunicação é realizada no projeto. Assim, elas dificultam o processo de troca de informações quando há um nível de desconhecimento do funcionamento esperado da comunicação. Esse tipo de barreira pode atuar tanto na comunicação oral quanto na escrita (Chaves et al., 2010).

Essas falhas de comunicação vinculadas ao conhecimento representam um cenário visto em algumas instituições nas quais a comunicação não ocorre de forma efetiva por conta da dificuldade de realizar esse processo. Assim, com o objetivo de que esse cenário não prejudique o andamento das atividades, indicamos que todos os envolvidos entendam a comunicação como uma ferramenta. Por isso, ela demanda o desenvolvimento de habilidades e capacitação constante para diversos envolvidos no ambiente de projetos de uma instituição.

Isso significa que o despreparo ao realizar a comunicação pode ser evidenciado como uma barreira ligada ao conhecimento. Entretanto, tal situação não compreende apenas as dificuldades com relação a essa barreira de comunicação. Existem outros eventos que também podem ser classificados no grupo de barreiras do conhecimento, tais como a falta ou, até mesmo, o excesso de informações.

Para reduzir a incidência desse tipo de barreira no projeto, é necessário entender que no processo de troca de informações, nem todos os indivíduos apresentam o mesmo nível de conhecimento. Essa realidade é muito visível em projetos multidisciplinares, nos quais existe a troca de informações entre envolvidos de áreas diferentes. A tecnicidade pode ser entendida como uma barreira de conhecimento, já que não são todos os indivíduos que contam com o mesmo nível de informações no projeto.

Nessa perspectiva, a fim de dirimir a incidência dessa barreira na equipe destinada ao projeto e equilibrar o entendimento no processo de comunicação dos membros da equipe, é necessário adotar terminologias que podem ser compreendidas por todos. Áreas muito específicas costumam utilizar termos técnicos que dificultam ou impedem o entendimento na comunicação. O uso de jargões de pouco domínio dos envolvidos também dificulta esse processo, caracterizando uma barreira de comunicação ligada ao conhecimento.

A missão de levar o entendimento da situação real do projeto a todos os envolvidos deve ser observada pelo gerente ou grupo gerenciador do projeto, que, por meio de uma organização sistemática, deve atuar para reduzir ou mitigar as barreiras de comunicação (Chaves et al., 2010). Para isso, é preciso reconhecer que nos projetos ágeis ligados à área de processos, invariavelmente haverá pessoas com formações distintas e diferentes linhas de atuação.

Também se faz preciso compreender que cada pessoa tem um nível de aptidão com relação às ferramentas de comunicação. Por isso, a equipe deve se valer de sua realidade para evoluir com os pacotes de trabalhos escolhidos para o ciclo e reduzir a incidência das barreiras de comunicação.

É por isso que toda a equipe destinada aos trabalhos dentro do projeto tem de concentrar esforços para se comunicar de forma clara e efetivar o total entendimento entre os envolvidos no processo de comunicação.

Outras barreiras que atuam em um projeto ágil são as de **comportamento**. Esse grupo guarda em si, muitas vezes de forma prévia à realização do projeto, o relacionamento existente entre indivíduos, envolvendo determinado nível de confiança, amizade, sinceridade e harmonia, muito próprio de quem realiza a comunicação (Chaves et al., 2010).

É muito difícil mensurar em um planejamento ou, até mesmo, em uma planilha todas as barreiras comportamentais existentes entre os indivíduos em um projeto ágil, mas é importante entender sua incidência para realizar ações a fim de não comprometer os objetivos do projeto. Contudo, é necessário compreender que mesmo não sendo possível mensurar com exatidão o nível de confiança comportamental entre os envolvidos, é importante perceber que ele comprometer o projeto.

Certamente, os membros da equipe destinada aos trabalhos no projeto pensam de modo particular sobre uma temática específica, e esse nível de divergência pode afetar a relação entre os indivíduos. Sabendo-se que esse tipo de situação pode surgir, é possível tomar decisões a fim de não comprometer o andamento das atividades.

Em algumas realidades, os ambientes ágeis priorizam a comunicação presencial entre a equipe, prática que facilita o entendimento e a pronta correção de distorções existentes no processo. A comunicação presencial é efetiva porque, por meio dela, pode-se visualizar a linguagem não verbal presente no processo de troca de informações. Outra vantagem da comunicação presencial consiste na utilização de repetição para esclarecer um ponto que pode não ter ficado claro entre os envolvidos, conforme já declaramos. A repetição de informações com a utilização de exemplos, gestos e palavras colabora para o entendimento e a ação posterior dos envolvidos.

Comparando-se as comunicações presencial e escrita, emana outra característica. Na comunicação presencial, é possível realizar repetições, linguagem não verbal e dar exemplos até que o entendimento seja clarificado, ao passo que a comunicação escrita tende a ser mais estruturada e planejada.

Portanto, a comunicação escrita tem como vantagem a possibilidade de se fazer releituras em busca de pontos que facilitem o entendimento do leitor. Assim, muitas vezes, é considerada informação oficial, por poder ser realizada por várias pessoas em conjunto, que criam o conteúdo de uma carta, por exemplo.

A comunicação presencial, muitas vezes, utiliza-se de uma linguagem produzida por um raciocínio rápido concomitante ao diálogo. Esse tipo de ação pode acarretar o uso de mensagens errôneas ou mais relapsas. Dessa forma, é essencial entender o público, o conteúdo e a urgência da mensagem, para recorrer ao melhor meio de comunicação, sempre avaliando e dirimindo as barreiras de comunicação existentes.

Outra barreira de comunicação existente em projetos ágeis é a do tipo **técnica** ou organizacional. Esse tipo de impedimento para a comunicação se faz bastante presente no cenário organizacional e compromete não somente os projetos, mas também todos os processos. Tais barreiras elucidam o funcionamento estrutural do ambiente em que o projeto está sendo desenvolvido (Chaves et al., 2010).

Sob essa ótica, organizações muito burocráticas, nas quais existem muitos protocolos e grande arcabouço burocrático, formam um grande impeditivo para o funcionamento dos projetos. Empresas dessa natureza não impedem apenas o fluxo de projetos, mas também os trabalhos correlatos. Essas barreiras comprometem o andamento das atividades, pelo excesso de normas, além do fluxo de comunicação, que perde grande parte da sua fluidez.

Em alguns projetos, deve haver um espaço para que a comunicação ocorra livremente entre departamentos e setores pares que se inter-relacionam em busca de otimizar o resultado de um projeto. Entretanto, em muitas instituições, a comunicação é bastante lenta e burocrática, em virtude de diversos padrões e normas para que a comunicação seja reconhecida como verdadeira. Em projetos ágeis, não há espaço para esse tipo de conduta. A organização deve proporcionar um facilitado fluxo de informação, embasado na necessidade de dinamicidade introduzida pela existência de projetos ágeis. Empresas que criaram seus pilares com base no controle excessivo, bem como no exagerado nível de documentos pouco flexíveis e em grande burocracia, enfrentam grandes problemas para o ambiente de projetos.

Dessa forma, o responsável ou gerente do projeto precisa atuar de forma a minimizar os problemas causados pela incidência de normas e protocolos que recaem nas atividades do projeto. Dentro da organização, é importante discutir a necessidade e utilidade de recorrer a normas e procedimentos que podem dificultar ou, até mesmo, impedir uma comunicação fluída entre os envolvidos.

Em termos práticos, a comunicação guarda estreita relação com as mudanças observadas nos projetos ágeis. Tendo em vista que a incidência de mudanças em projetos não é incomum, a atenção à gestão dessas mudanças é fundamental. Isso ocorre porque, no processo de homologação ou revisão dos *sprints*, os envolvidos normalmente visualizam alguns erros, inconsistências ou atualizações necessárias que impactam algum ponto.

Segundo Chaves et al. (2010), o advento de mudanças pode ser considerado a principal causa de impacto para o sucesso de um projeto. Para a realização de uma gestão de mudanças eficaz, é necessário entender que tais eventos podem ocorrer sob duas diferentes formas no projeto.

O primeiro aspecto na gestão de mudanças diz respeito aos eventos que incidem em alguma parte do gerenciamento do projeto. Nesse sentido, o escopo, o tempo ou o custo, por exemplo, são as áreas de atuação em projetos que requerem observação (Chaves et al., 2010).

Já o segundo aspecto diz respeito ao produto do projeto. Assim, é importante ter atenção ao *backlog* e a todas as histórias ou informações que levaram à conclusão de determinada atividade. Esse tipo de realidade surge quando o projeto é concluído de forma efetiva, mas não consegue atender às necessidades dos envolvidos (Chaves et al., 2010).

Em projetos ágeis com a possibilidade de homologação do cliente, tal cenário é bastante comum. O momento de observação do produto por parte do cliente muitas vezes permite compor uma lista de mudanças em alguma parte do escopo. Quando eventos semelhantes acontecem, é relevante que a lista do *backlog* seja atualizada, contemplando a nova particularidade encontrada (Cruz, 2013).

Sob essa ótica, a gestão de mudanças apresenta íntima relação com a comunicação, pois apenas quando esta acontece de forma efetiva é que se pode depreender as observações necessárias nessa parte do projeto. Logo, segundo Chaves et al. (2010), o processo de comunicação em projetos é o principal mecanismo para a realização de uma gestão de mudanças efetiva.

Vale observar que a atuação do gerente de projetos é decisiva para o sucesso na área de comunicação no que se refere à gestão de mudanças. Portanto, a figura do gerente de projetos deve observar as necessidades do projeto e, por meio de suas habilidades, tornar o gerenciamento de mudanças um processo eficaz no projeto ágil.

Contudo, o tratamento e a priorização na gestão de mudanças não são atividades simples no projeto. Para contornar isso, a utilização de metodologias de projetos ágeis facilita a comunicação e o entendimento de como a gestão de mudanças pode ocorrer de forma facilitada. Afinal, em uma abordagem de projetos tradicional, os esforços e os pacotes de trabalho, via de regra, são realizados de forma separada; isso porque, muitas vezes, a equipe responsável por uma atividade acaba não se comunicando com a que dará continuidade ao projeto, e assim por diante.

As formas de operacionalizar os trabalhos em projetos em um ambiente ágil integram efetivamente os envolvidos com as atividades. Afinal, a equipe de projeto se relaciona em eventos diários e troca informações sobre a evolução do projeto. Outro argumento importante que recai sobre a gestão de mudanças em ambientes ágeis é que a equipe entrega o projeto de forma conjunta. Assim, acompanha e participa da evolução do projeto e se responsabiliza por ele.

Conceitualmente, a gestão de mudanças em projetos é uma atividade que consiste na integração de comunicação, planejamento e ampla visão da empresa. Tais elementos interagem com os recursos que atuam de forma efetiva na gestão da mudança organizacional. A principal intenção dessa gestão é atuar de forma positiva na instituição, por meio de conceitos e métodos.

De acordo com Freitas (2010), a gestão de mudanças garante que os procedimentos e métodos já padronizados pela instituição sejam utilizados de forma correta. A intenção desse tipo de aplicação é garantir maior eficiência no que tange a mudanças observadas no ambiente organizacional. Nesse sentido, elas devem ser avaliadas, devidamente registradas, priorizadas e implementadas para evitar impactos negativos em um projeto.

Uma **mudança organizacional** pode ser entendida como um ato que acarreta alguma modificação no ambiente empresarial e que atinge seu desempenho. Portanto, um evento de mudança precisa ser observado, tratado e controlado a fim de que seu impacto não gere efeito negativo para a organização ou para seus projetos (Lima; Bressan, 2003).

Mesmo que tal conceito seja de fácil compreensão, o grande volume de mudanças observadas no mundo atual, em razão do advento do desenvolvimento de tecnologias e da globalização, pode até mesmo conduzir à percepção de que as mudanças não precisam ser minuciosamente controladas. Isso se deve ao curto tempo de transformação de processos e da busca constante e intensa por formas de introduzir a agilidade organizacional.

Apesar de a gestão de mudanças não ser uma área específica de gerenciamento de projetos tradicionais, sua observação é muito importante. Há muita interação prática entre a gestão de mudanças e o gerenciamento de projeto, mesmo que ambos tenham origens distintas. O gerenciamento de projetos teve sua origem nos ambientes de tecnologia, engenharia e ciências exatas; já a gestão de mudanças se desenvolveu por meio de interações com ciências sociais, como a psicologia e o próprio ambiente organizacional (Gonçalves; Campos, 2013).

Não é uma tarefa fácil integrar essas duas áreas distintas, mas que operam de maneira determinante no ambiente institucional. A aplicação de práticas efetivas ligadas à gestão de mudanças leva o gerente de projetos a identificar e engajar os envolvidos, aumentando os níveis de controle de escopo, custo e tempo. Invariavelmente, tal controle gera menor incidência de riscos negativos capazes de comprometer o projeto.

Isso significa que o gerente ou responsável pelo projeto ágil precisa aprimorar habilidades que proporcionem a otimização de ações com relação ao gerenciamento de mudanças, consciente de que elas impactam e influenciam diretamente o resultado do projeto. Nesse sentido, este é um assunto desafiador, em virtude da dinamicidade de ações que podem alterar ou comprometer um projeto, aliada ao grande nível de controle necessário para a tomada de decisão.

Em verdade, o gerenciamento de projetos e a gestão de mudanças se complementam, e quando utilizados em conjunto, facilitam o trabalho em um ambiente ágil. Segundo o PMBOK (PMI, 2017a), a atenção ao gerenciamento de mudanças pode facilitar o processo de integração de ações no gerenciamento de projetos, ao introduzir questões comportamentais importantes e que o impactam diretamente. Assim, a aplicação de conceitos e práticas de gestão de mudanças no ambiente de projetos possibilita melhorar os resultados do gerenciamento, ao enfatizar a atenção aos processos de análise e de identificação de partes interessadas. Ainda, a gestão de mudanças facilita o processo de desenvolvimento de cronogramas e de comunicação no projeto.

Gonçalves e Campos (2013) argumentam que é crescente a utilização de ferramentas aplicadas à gestão de mudanças no ambiente de projetos. Eis aí a razão para promover a capacitação constante e a atualização em todas as disciplinas que exercem influência e que podem auxiliar na tomada de decisão nas empresas.

De forma prática, existem duas pesquisas que podem ajudar na introdução de uma metodologia de gestão de mudanças nas organizações e nos projetos. Esses dois estudos articulam elementos de gestão de mudanças no ambiente de gerenciamento de projetos ágeis. São o *Emergence One Method*, de Jarocki (2011), e o *Human Change Management Body of Knowledge* (HCMBOK), de Gonçalves e Campos (2013).

O *Emergence One Method* consiste em um método que integra gerenciamento de projetos e gestão de mudanças. Isso porque, segundo Jarocki

(2011), as mais diferentes metodologias e práticas de gerenciamento de projetos existentes não abordavam a gestão de mudanças de forma plena. De acordo com o autor, as práticas que relacionavam mudanças no gerenciamento de projetos não observavam as questões humanas tão presentes no ambiente de projetos. Isso reduzia a eficiência de algumas práticas que consideravam os processos de mudanças em áreas isoladas.

Assim, Jarocki (2011) criou o método em questão, que articula as duas áreas, possibilitando ao gerenciamento de projetos observar informações sobre escopo, tempo, custo e qualidade, ao mesmo tempo em que considera questões humanas que influenciam as mudanças. Assim, esse método integra práticas de gerenciamento de projetos e de mudanças de forma conjunta, facilitando seu relacionamento. Na prática, esse método organiza as ações em entradas de determinado processo, gerando as saídas relacionadas ao gerenciamento de mudança. Tal método é similar à abordagem do PMBOK (PMI, 2017a), que demonstra uma sincronia entre entradas e saídas de forma sincronizada.

Por sua vez, o *Emergence One Method* é útil, já que relaciona as atividades levando em conta o conhecimento sobre o projeto, com informações sobre comportamento e política de gerenciamento de mudanças, tornando possível a redução do impacto de riscos em alguma área do projeto. Para isso, ele identifica o projeto em seis diferentes fases para auxiliar o processo de observação das mudanças relativas ao projeto.

Esse método tem foco no gerenciamento e no acompanhamento muito próximo das partes interessadas do projeto. A intenção é realizar ações práticas que antecipem as expectativas dos interessados, bem como sua categorização. Antecipando-se às necessidades dos interessados no projeto, a gestão de mudanças ganha tempo para não comprometer o cronograma e a eficiência do projeto (Jarocki, 2011).

Para isso, Jarocki (2011) recomenda a aplicação de diferentes atividades que objetivam a adesão completa dos envolvidos no projeto. Tais atividades são sequenciais e identificadas como: engajamento de líderes e influentes na organização; adesão da equipe do projeto e dos diretamente relacionados; e, por fim, identificação dos indivíduos que operarão o produto ou o serviço criado pelo projeto.

Tais atividades e o acompanhamento constante permitem que a gestão de mudanças seja observada enquanto os trabalhos atinentes ao projeto progridem no ambiente organizacional.

Também para auxiliar o processo de gestão de mudanças, existe o *Human Change Management Body of Knowledge* (HCMBOK), proposto por Gonçalves e Campos (2013), que se trata de uma grande coleção com técnicas, práticas e ferramentas que podem ser aplicadas em um ambiente de projetos.

Essa coleção reúne o conhecimento sobre gestão de mudanças e considera ações práticas com atenção ao gerenciamento de mudanças em todas as áreas do projeto. Evidencia-se nela atenção especial à área de gerenciamento de aquisições em projetos e sua relação com a gestão de mudanças. Nesse sentido, de acordo com esse método, é importante: avaliar os riscos de possíveis choques culturais no projeto; definir as necessidades de treinamento; e mapear estilos de lideranças de fornecedores para que as mudanças tenham menor impacto no projeto.

Sob essa ótica, é importante encontrar formas de observar os projetos e suas ações a fim de otimizar as práticas e potencializar seu resultado.

3.3 Técnicas de projetos ágeis na prática

Já afirmamos que a comunicação é vital para o bom andamento de projetos ágeis. Em uma instituição em que o fluxo de informações não ocorre em conformidade, na qual atuam inúmeras barreiras da comunicação, é totalmente desnecessária a observância e o aprimoramento de importantes técnicas para o gerenciamento do projeto. Assim sendo, a comunicação assertiva e sua fluidez são bases fundamentais para que um projeto ágil seja realizado corretamente.

Depois de observar como a comunicação deve ocorrer no ambiente de projetos e de entender sua efetiva necessidade, é preciso levar em conta várias possibilidades que somente o gerenciamento ágil consegue proporcionar. Mais especificamente na execução, é necessária a observância do *backlog* e de sua relevância para o projeto. Dessa forma, deve-se introduzir noções referentes à percepção de tempo, cronograma e qualidade na discussão e escolha do *backlog* que será realizado em um projeto ágil.

Não apenas o *framework* Scrum, mas também outras metodologias de gerenciamento ágil utilizam essa estrutura e nomenclatura de *backlog*. Esse tipo de análise de parte do escopo constitui um importante indicativo de priorização do produto que será realizado. No caso de um projeto vinculado à área de processos organizacionais, a observação do *backlog* pode facilitar a priorização de parte do escopo que precisa ser realizado primeiro, por exemplo, quando um projeto de otimização de fluxos escolhe determinados mapeamentos a serem realizados antes do que outros (Cruz, 2013).

Mais especificamente na execução do projeto ágil, esse é o cenário propício para que ações concernentes ao *backlog* sejam levadas em consideração. Nesse sentido, o *backlog* de produto também pode ser observado como o conjunto de requisitos funcionais que são mensurados e que necessariamente devem ser entregues para o cliente final do projeto. Tal conjunto de características do produto compreende todas as funcionalidades que compõem o produto final (Cruz, 2013).

Em uma aproximação entre a execução do projeto ágil, observação do *backlog* e documentos que auxiliem nesse processo, Cruz (2018, p. 1) indica que:

> o Backlog *é fruto do entendimento do produto e do negócio do cliente. Análises de negócio são muito bem-vindas para a obtenção de um* backlog *completo e válido. Alguns documentos que podem compor o* backlog *são Épicos, Histórias, Protótipos, Especificações de Regras de Negócio, Casos de Uso, entre outros.*

Esse procedimento não pode burocratizar o andamento do projeto, devendo servir de base para o entendimento de como o projeto é constituído. Na prática, o *Product Owner*, no *framework* Scrum, pode ser considerado a figura a quem cabe a criação e a classificação do *backlog* do produto.

Nesse momento, ganha relevo a interação entre essa figura, a equipe do projeto e o *Scrum Master*, pois noções de *gold plating* e de composição do escopo do produto devem ser criadas. Sob essa ótica, todos os envolvidos devem estar atentos a todos os requisitos do projeto.

No caso de um projeto ágil para a criação de um departamento de processos, por exemplo, informações sobre o entendimento de fluxos de processos da organização, composição da equipe, bem como os dados apresentados e sua periodicidade devem ser levados em consideração. Na sequência, deve-se selecionar a principal parte do projeto, ação realizada pelo *Product Owner*, e concluí-la (Camargo; Ribas, 2019).

É muito importante entender o que efetivamente precisa ser realizado em cada *backlog*, independentemente do projeto. No ambiente organizacional, é comum que sejam acrescentadas ao projeto atividades ao escopo do produto. A consequência disso é um incremento no custo e no tempo do projeto.

Uma forma de nivelar o conhecimento de todos os envolvidos na execução de um projeto ágil é realizar reuniões otimizadas. Em projetos ágeis, acréscimos ao projeto ilustram a falta de comunicação e de conhecimento de alguns membros. Especificamente, a execução do projeto e a construção do *backlog* são um momento nevrálgico, pois o entendimento errado do que está sendo realizado, aliado ao descontrole, causa problemas na conclusão das atividades (PMI, 2017b).

Mesmo projetos ágeis necessitam de uma gestão extremamente atuante e proativa. Nesse sentido, no momento da execução e no monitoramento de todo o projeto, tal preocupação deve ser evidente pelas ações realizadas. Considerações sobre os riscos que podem incidir no *backlog* do projeto, em conjunto com informações sobre qualidade, prazo e custo, precisam ser monitoradas constantemente.

Ao longo do cumprimento e da conclusão dos *backlogs*, deve ser realizado o monitoramento do projeto, mesmo que esse tipo de ação não esteja necessariamente visível em um projeto ágil como em um projeto preditivo. O monitoramento confere solidez e conjunto a tudo o que está sendo desenvolvido no projeto (Cruz, 2013).

Dessa forma, ele se refere ao momento em que é possível constatar como o andamento dos pacotes de trabalho está se articulando com o planejamento do projeto. É importante acompanhar a evolução do projeto e a realização de ações pontuais possivelmente necessárias. O acompanhamento de indicadores de tempo, custo e qualidade também têm de ser acompanhados por toda a equipe.

O monitoramento do projeto deve ser de conhecimento de todos os envolvidos, para asssim justificar ações relacionadas a tempo, custo e ao próprio escopo do projeto. Logo, todas as decisões realizadas no projeto precisam ser entendidas e registradas de alguma forma, a fim de acompanhar a evolução das ações e dos pacotes de trabalho (Kerzner, 2015).

O acompanhamento da conclusão dos pacotes de trabalho é fundamental e deve se tornar conhecido por todos. A intenção é constatar que a execução do projeto ágil está se relacionando com o que foi anteriormente planejado. Para que essa atividade seja completada, é necessário aprofundar o conhecimento da utilização de controles, gráficos ou tabelas.

O Gráfico *Burndown* e o Gráfico *Burnup* podem auxiliar sobremaneira nessa tarefa. Isso porque eles evidenciam informações anteriormente planejadas no projeto e apresentam uma esquemática representação de variações. O Gráfico *Burndown* de grande valia, pois organiza informações relativas aos esforços empregados para a conclusão do projeto (PMI, 2017b).

Habitualmente, ele apresenta o escopo inicialmente planejado para o projeto. Com isso, pode-se realizar o acompanhamento efetivo da evolução até a conclusão. Para tanto, é constituído de duas variáveis, que são, as tarefas e o tempo.

A seguir, apresentamos um exemplo de Gráfico *Burndown* (Gráfico 3.1):

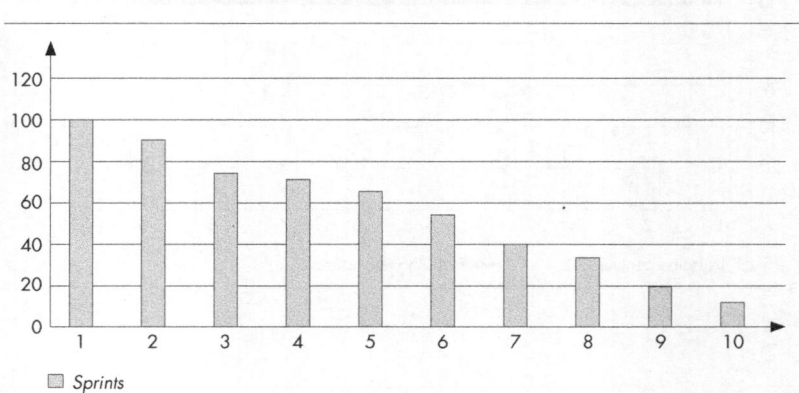

Gráfico 3.1 – Gráfico *Burndown* de projeto

O gráfico apresenta, em forma de barras, a quantidade de tarefas em determinado período. Mais especificamente, no gráfico, é possível perceber que, no início do projeto, ele continha 100 tarefas ou pacotes de trabalho. Com o passar dos *sprints*, tais pacotes foram gradativamente diminuindo, até chegar ao décimo *sprint*, em que se fizeram necessárias apenas 10 tarefas.

Esse tipo de informação básica é bastante importante inclusive como elemento visual. Gráficos simples e diretos como esse podem subsidiar a tomada de decisão referente a práticas adotadas no projeto, para conferir mais celeridade às ações, caso o projeto esteja atrasado quanto ao planejamento inicialmente idealizado.

Já o Gráfico *Burnup* expõe informação semelhante, porém, com outro viés. Isso porque ele apresenta os trabalhos concluídos no projeto com o passar dos *sprints*. Ele faz a somatória dos pacotes de trabalhos entregues, além de informações da quantidade de pacotes de trabalho que compõem o projeto.

Na sequência, visualize um exemplo de Gráfico *Burnup* e sua composição (Gráfico 3.2).

Gráfico 3.2 – Gráfico *Burnup* do projeto

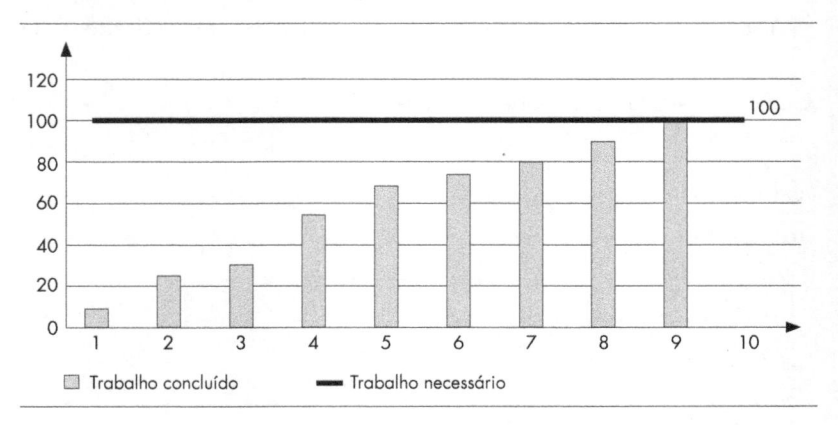

Os dois gráficos são úteis e devem ser utilizados em conjunto, cada um com sua particularidade. O principal é entender que esse tipo de controle é efetivo para projetos ágeis que são compostos de *backlogs* e que serão concluídos com o passar do tempo. Na prática, esse gráfico auxilia no controle do *backlog* do produto e é bastante útil para utilização em uma reunião periódica ou mesmo de revisão de *sprint*, para que seja possível mensurar todo o trabalho do projeto (PMI, 2017b).

Uma das atividades mais importantes no gerenciamento de projetos ágeis é a preparação do *backlog*, bem como seu controle ao longo do projeto. Como já comentamos, o *backlog* é uma lista de ordenação dos trabalhos que precisam ser concluídos pela equipe do projeto. A preparação dessa lista, ao final, deverá representar o produto com todas as suas particularidades.

Contudo, aliado ao controle do *backlog*, é importante promover seu refinamento constante. A cada iteração realizada no ambiente ágil, mais a equipe opera a lista do *backlog* e cristaliza todas as nuances do produto. Por isso, a comunicação entre os membros da equipe deve ser efetiva. As metodologias ágeis se valem de alguns rituais como reuniões e discussões periódicas de acordo com os critérios para refinar e controlar o *backlog* do produto que está sendo realizado. Uma das estratégias para isso é o uso dos gráficos *Burndown* e *Burnup*.

Para controlar o *backlog*, é possível recorrer a indicadores que apresentem a realidade tanto do projeto quanto do produto que está sendo desenvolvido. Logo, além das informações a respeito dos pacotes de trabalho que compõem o projeto, é relevante entender sobre os indicadores que auxiliam no monitoramento das atividades do projeto ágil. Para o ambiente de projetos, o acompanhamento da evolução por meio de indicadores de eficiência é um valioso auxílio.

Na área de gerenciamento de projetos ágeis, existe uma linha de estudo denominada *Key Performance Indicators* (KPI) (Figura 3.6). Não apenas para o gerenciamento de projetos ágeis, mas também para todas as atividades institucionais, o acompanhamento por meio de indicadores de desempenho é fortemente aconselhável (Massari, 2018).

Figura 3.6 – Indicadores de *performance*

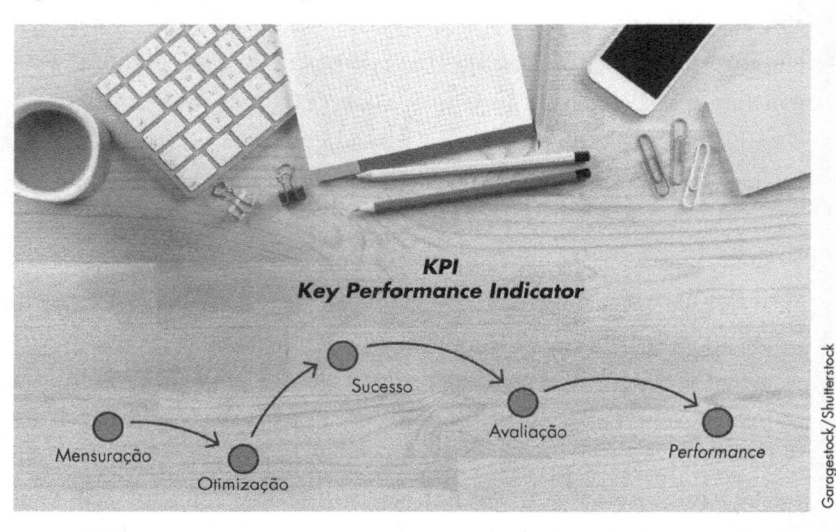

KPI
Key Performance Indicator

Mensuração → Otimização → Sucesso → Avaliação → Performance

Garagestock/Shutterstock

Indicadores de eficiência do projeto ágil podem ser divididos em quatro frentes: (1) progresso das atividades; (2) trabalho restante; (3) previsão de término; e (4) previsão de custo (Massari, 2018). A junção desses quatro âmbitos de análise informa sobre a evolução do projeto. Um projeto bem-planejado e bem-executado deve, no mínimo, ser acompanhado por essas quatro frentes.

Com relação ao progresso das atividades, o acompanhamento constante dos pacotes de trabalho, bem como sua conclusão, possibilita um ganho de efetividade na tomada de decisão. Nesse sentido, deve haver um diálogo sempre próximo dos *sprints* que estão sendo realizados, bem como o *backlog* do produto já concluído.

A identificação da previsão do término do projeto pode compor as informações que devem ser acompanhadas periodicamente. Assim, será possível analisar todas as atividades já concluídas, além do que falta para a conclusão do projeto.

Nesse sentido, o acompanhamento da evolução do trabalho a ser realizado deve ser foco de todos os envolvidos. Logo, os indicadores são aliados nessa tarefa de mensuração e acompanhamento constante. Dessa forma, as atividades a serem concluídas deveriam ser organizadas para convergir em uma data comum que coincidiria com o término do projeto. Sob essa perspectiva, todos devem ter total noção da realidade atual e de quanto tempo falta para a conclusão dos pacotes de trabalho.

A previsão de custo, para muitos projetos, deve ser acompanhada por todos. Em muitos cenários, esse indicador é muito sensível, e qualquer alteração certamente acarretará movimentação em custo. Ele pode ser observado isoladamente, porém, fica sujeito à influência de outras áreas, o que pode fazer com que os custos sejam impactados.

Dessa forma, para que não ocorram grandes descolamentos entre o que foi inicialmente planejado e o que está sendo realizado naquilo que tange a prazo, custo ou qualidade, o acompanhamento de indicadores é de fundamental importância. Sua utilização pode auxiliar na medição e no acompanhamento constante ao longo do desenvolvimento do projeto.

A atividade de seleção e acompanhamento de indicadores que revelem exatamente o cenário do projeto é uma tarefa que requer muito conhecimento e diálogo entre todos os envolvidos. Isto é, não pode recair apenas sobre uma pessoa, por dois motivos principais. Primeiramente, podem haver nuances e particularidades de determinada medição que é de caráter mais técnico. Por isso, a importância do envolvimento de mais pessoas nessa observação. Outro motivo reside na intenção dos indicadores de medição.

Como dito, os indicadores devem ser criados e observados por todos. Por essa razão, é necessário que todos criem, validem e acompanhem seus resultados ao longo do projeto. Nesse viés, não basta observar um indicador em determinado momento; é preciso fazê-lo com constância considerando os resultados apresentados nas medições. O trabalho de acompanhamento deve fundamentar a tomada de decisão no ambiente do projeto (PMI, 2017a).

Os indicadores observados no ambiente ágil auxiliam na indicação de "pronto" do projeto. De acordo com o PMI (2019, p. 151), essa definição corresponde a "uma lista de verificação com todos os critérios obrigatórios a serem atendidos para que um entregável ou um produto possa ser considerado pronto para o cliente". Nesse sentido, o controle de indicadores é muito importante.

Para projetos ágeis, a definição de pronto para o projeto também é conhecida pela sigla DoD (do inglês *definition of done*), conceito que pode ser entendido como "definição de pronto". Contudo, para que tal controle seja efetivo, é muito importante recorrer a indicadores que elucidem a conjuntura real do projeto (PMI, 2017b).

Na prática, não é fácil constatar que o projeto tem 90% ou 70% de entregas feitas, quando partes do escopo estão sendo realizadas pela equipe ou ainda necessitam de revisões. Logo, a observação de um controle de pacotes de trabalho com o controle do *backlog*, atenção ao progresso das atividades com o Kanban, bem como o monitoramento de todas as atividades, apontam qual é a realidade apresentada. Assim, é possível atender às especificações de "pronto" para o projeto.

Entretanto, os indicadores não podem servir apenas para a observação de trabalhos internos do projeto. Pelo contrário, eles devem ser utilizados também para a visualização da organização em que o projeto está sendo realizado. Dessa forma, existe uma ferramenta que pode ser utilizada pelo âmbito de indicadores, porque apresenta claramente um indicador de situação em que determinada organização está enquadrada. Essa ferramenta é conhecida como Diagrama de Stacey e foi constituída com a intenção de indicar o nível de complexidade existente na empresa.

Em ambientes ágeis, a constatação de como a complexidade opera na empresa e, por conseguinte, no projeto é fundamental para analisar as decisões no projeto. Nesse sentido, o Diagrama de Stacey ilustra claramente um enquadramento que revela como a complexidade pode ser observada em um ambiente.

Em sua definição, o Diagrama ou Matriz de Stacey considera duas variáveis para apresentação gráfica: (1) nível de concordância e (2) nível de certeza (PMI, 2017b). O diagrama relaciona essas variáveis a determinado ambiente na prática. Portanto, quanto mais elevado for o nível de concordância e certeza no projeto, mais facilitado será o trabalho de mensuração do projeto em si. O oposto também é verdadeiro: conforme o nível de certeza e concordância vai diminuindo, mais difícil é o trabalho de escolha de informações que apresentem exatamente o cenário em que o projeto está enquadrado.

Observe o gráfico 3.3 um exemplo de como o Diagrama de Stacey pode ser idealizado.

Gráfico 3.3 – Diagrama de Stacey

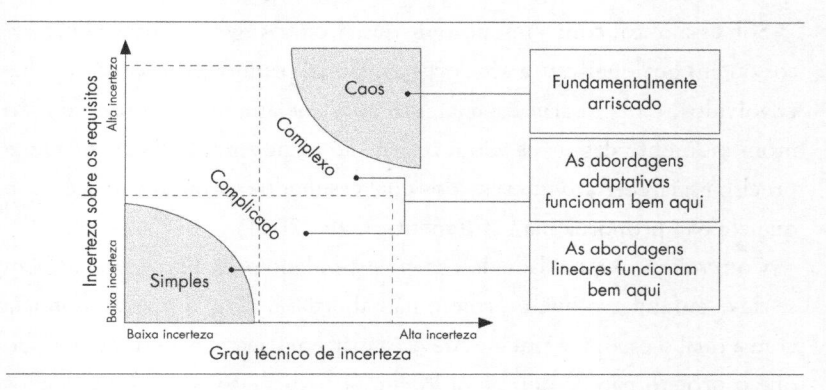

![Diagrama de Stacey com eixos "Incerteza sobre os requisitos" (vertical) e "Grau técnico de incerteza" (horizontal), mostrando regiões Simples, Complicado, Complexo e Caos, com indicações: Caos – Fundamentalmente arriscado; Complexo – As abordagens adaptativas funcionam bem aqui; Simples/Complicado – As abordagens lineares funcionam bem aqui.]

Fonte: PMI, 2017b, p. 14.

Nesse caso, de acordo com o enquadramento do projeto, é possível entender que não apenas o trabalho de seleção dos indicadores, mas também a evolução dos pacotes de trabalhos tende a ser mais fácil em um projeto classificado como simples. Em tais projetos, há um grande índice de concordância e certeza. Além disso, eles podem ser considerados complicados caso haja elevação de um desses índices. Já em projetos com muita discordância e incertezas, o trabalho de seleção de indicadores que apresentem de forma consensual a realidade pode ser considerado uma tarefa caótica.

Em projetos ágeis alocados a processos organizacionais, inicialmente é necessário compreender a situação efetiva da empresa para supor um cenário em que o projeto estará sendo realizado. Dessa forma, o Diagrama de Stacey auxilia na observação e ilustração das informações e pode ser útil para o entendimento do próprio projeto. Em alguns projetos ágeis, a aplicação de uma análise semelhante auxilia na tomada de decisão, por ilustrar de forma gráfica a situação interna do projeto. Por essa característica, esse diagrama pode ser aplicado tanto para a empresa quanto para o projeto.

Informações aliadas à organização de como o projeto está sendo encarado invariavelmente impactarão o nível de qualidade. Por isso, é importante entender que o nível de qualidade não se constrói por acaso. Pelo contrário, uma análise conjunta de indicadores e mensuração da situação do cenário, aliados ao planejamento e ao monitoramento, é que pode levar o projeto a níveis aceitáveis de qualidade quando da entrega final.

Sob essa ótica, com a intenção de que projetos ágeis na área de processos ou em qualquer outra área organizacional promovam a satisfação dos envolvidos, é necessário estar atento ao planejamento e, sobretudo, ao monitoramento das ações. Com relação ao planejamento da qualidade, é preciso esclarecer aos interessados qual resultado o projeto entregará e o que ele não proporcionará (Clements; Gido, 2014).

Com relação à qualidade do escopo estipulado para o projeto, também se deve entender o que o projeto não abordará. Com a mesma minúcia com a qual o escopo é tratado, deve existir um espaço para discussões do que o projeto não contemplará. Assim, as expectativas dos interessados serão sanadas, pois já no planejamento será possível ter boa noção do que o projeto fará ou não.

Abordar a qualidade em projetos ágeis significa realizar uma averiguação de praticamente todas as áreas que os compõem. Em determinados projetos, o cronograma está diretamente ligado à qualidade, pois pode-se atender efetivamente à qualidade, caso haja tempo para concluir os trabalhos correlacionados.

Para a área de processos e a realização de um projeto de atualização dos fluxos, é imprescindível conceder tempo para que as análises sejam efetuadas, em associação com a proposição de atualizações. Assim sendo, é preciso estipular o tempo e detectar que parte do projeto está sendo realizada.

Da mesma forma, o custo, considerando a redução de orçamento, ou os recursos, pela escolha de pessoas não devidamente qualificadas, também impactam a qualidade. E para dirimir tais riscos, é necessário proceder a um planejamento que contemple ou considere tais particularidades que possam se confirmar.

Informações sobre a conclusão dos trabalhos relacionados ao projeto devem ser mensuradas e acompanhadas periodicamente ao longo dos ciclos de vida. Nesse sentido, é aconselhável analisar o nível de inovação que se espera como resultado do projeto. Em algumas realidades, há um nível de inovação e especificidade nunca alcançado pela instituição, o que obsta o atingimento de tal índice com as mesmas premissas. Nessas realidades, é necessário conhecer o conceito SMART, que para a área de projetos ágeis auxilia na coleta de informações.

Essa técnica congrega cinco princípios (cujos nomes formam, com suas iniciais, o referido acrônimo), quais sejam: *specific* (específico), *measureable* (mensurável), *attaunable* (atingível), *relevant* (relevante) e *time* (tempo estipulado). Para a qualidade, o enquadramento de níveis levando em consideração essa análise é de suma importância.

Isso porque a análise sobre a qualidade leva em consideração cinco prismas para a realização de uma verificação mais profunda. Aqui é possível traçar um paralelo entre indicadores e, mais especificamente, indicadores de qualidade para a gestão de projetos ágeis. É importante fazer a escolha correta de indicadores capazes de desenhar a realidade da operação no projeto. Com relação à qualidade, tais indicadores devem atender às cinco diferentes perspectivas citadas.

A qualidade, dessa forma, será alcançada caso seja devidamente planejada, levando em consideração uma expectativa quantitativamente justificada. O nível de relevância dos indicadores dará o tom do resultado final alcançado pelo projeto. Todas essas informações devem estar registradas em um lugar para que seja possível seu irrestrito acesso e conhecimento.

Outro ponto importante e que impacta o nível de qualidade de projetos na área de processos é o entendimento sobre riscos. A qualidade e os riscos estão estreitamente ligados, havendo a necessidade de o planejamento e o monitoramento atentarem para essa particularidade.

No gerenciamento de projetos ágeis, a atenção aos riscos é central. Para diminuir as chances desse tipo de evento, é importante contar com uma comunicação efetiva. Em projetos ágeis nos quais existe a criação de *sprints* com tempo definido de poucas semanas, o acompanhamento dos riscos é fundamental, pois não se dispõe de muito tempo para corrigir alguns eventos sem prejudicar consideravelmente o projeto.

De acordo com Vargas (2018), o gerenciamento de risco apresenta o entendimento do projeto em si. Assim, a atenção dada aos interessados e à equipe do projeto naquilo que toca aos riscos que podem comprometer uma parte do escopo evidencia de que forma todos estão observando o resultado do projeto. Para a tomada de decisão no ambiente de projetos, a atenção aos riscos é crucial, pois eles atuam no projeto e comprometem uma ou, até mesmo, todas as áreas de gerenciamento.

Para tratar e monitorar os riscos que podem incidir em um projeto ágil, a atenção a um documental mínimo faz toda a diferença. A intenção não é burocratizar ou diminuir a velocidade com que o projeto ágil está sendo realizado, mas assegurar registro mínimo dos eventos de riscos identificados e tratados pela equipe destinada aos trabalhos no projeto.

Em síntese, deve haver um documento que possa ser acessado pela equipe e que contemple as informações sobre os riscos e que exponha como eles serão tratados ao longo do projeto. Para auxiliar nessa tarefa, muitas vezes é necessária a ação de um PMO mais atuante, quando existente. Um PMO deve auxiliar no embasamento de como os riscos deverão ser identificados, atualizados e monitorados ao longo do projeto. Assim, cabe ao gerente do projeto aplicar essa regra criada por cada instituição (PMI, 2017a).

Caso uma organização não demonstre tal preocupação, é possível que projetos diferentes tratem os riscos também de forma distinta. Isso pode levar a erros de mensuração e identificação de um risco por parte de um projeto ou, até mesmo, de vários.

Todavia, diferentes *frameworks* ou práticas ágeis de gerenciamento de projetos observam a incidência de riscos nas reuniões periódicas. Tais reuniões ajudam sumariamente no gerenciamento de riscos. Porém, ainda há diversos riscos que atuam ou podem atuar em um projeto e que não são totalmente observáveis nas reuniões periódicas. Por isso, deve haver grande cuidado e debate interno entre todos com relação à identificação de riscos.

As reuniões periódicas podem auxiliar na identificação e na comunicação entre todos sobre os riscos existentes. Segundo o guia PMBOK (PMI, 2017a), a atividade de identificação de riscos deveria ser de responsabilidade de todos os envolvidos. A inclusão do maior número de pessoas na identificação dos riscos é importante, por conta da percepção do projeto realizado por todos.

Isso significa que a observação de riscos será diferente dependendo do nível hierárquico ou técnico do colaborador. Isso porque cada um tem uma observação particular e razões para identificar determinado evento como um risco para o projeto. Em situações nas quais somente uma pessoa identifica os riscos, pode haver uma parcial observação sobre o projeto e os eventos potencialmente danosos para o escopo.

Mas em projetos ágeis, é necessário observar os riscos, compreender de que forma o risco atinge o projeto e, também, classificar os riscos em negativos e positivos. É comum utilizar o termo *risco* apenas para identificar algum evento que pode comprometer o projeto; contudo, também podem existir situações em que a incidência de um risco pode ser positiva para o projeto. Portanto, é necessário observar o risco por essas duas perspectivas (PMI, 2017a).

Os riscos positivos equivalem aos eventos que causam benefício ao projeto. De forma prática, um evento dessa natureza pode ser observado pela compra de um *software* ou de um insumo importado, em que a cotação do dólar é uma importante variável. Caso essa cotação caia no momento da compra do *software*, o preço final do produto pode diminuir, o que reduziria o gasto inicialmente planejado. Esse é um típico caso de risco positivo, em que os responsáveis devem estar atentos às compras do exterior.

Outro exemplo é a realização de ações com menor prazo do que o inicialmente planejado, o que teria como consequência a conclusão antecipada do projeto (PMI, 2017a).

No entanto, os riscos negativos são os eventos mais observados e mensurados em projetos, pois, em muitos cenários, eles existem em maior número em comparação com os riscos positivos. Ambos os grupos de riscos devem ser identificados para um seguinte planejamento das atividades do projeto. Depois da identificação dos riscos, é necessário promover uma classificação qualitativa e quantitativa de tais riscos.

Especificamente sobre a análise qualitativa de riscos, é importante entender que ela está relacionada a uma observação bastante subjetiva. Após a realização de uma eficiente identificação de riscos, é preciso elaborar uma catalogação, classificando o risco de acordo com um percentual que identifique a incidência do risco (PMI, 2017a).

A intenção é quantificar a expectativa da incidência do risco, ou seja, averiguar qual é a probabilidade de o evento de risco se confirmar. Essa tarefa precisa ser realizada com a anuência e o conhecimento de todos, bem como com uma atualização constante ao longo do projeto. Como resultado dessa classificação, pode ser elaborada uma tabela que identifique os riscos que efetivamente podem ocorrer além da probabilidade de incidência.

A seguir, apresentamos um quadro que exemplifica a identificação e a classificação qualitativa de riscos em projetos ágeis.

Quadro 3.4 – Análise qualitativa de riscos em projetos ágeis

Risco	Incidência
Atraso de entrega nas atividades	50%
Falta de comprometimento dos envolvidos por conta de trabalho em outros projetos	30%
Falta de verba para o projeto	90%
Falta de infraestrutura tecnológica adequada	85%
Inadequada comunicação entre os envolvidos	10%

Fonte: Elaborado com base em PMI, 2017a.

Um projeto pode realizar esse estudo levando em conta suas particularidades e regras institucionais previamente estabelecidas. Assim, existem projetos ágeis que terão um quadro semelhante a esse, mas também há aqueles que apresentarão mais de 200 linhas com a identificação real dos riscos que podem impactar o projeto. Não existe um número máximo ou mínimo com relação à identificação e à classificação qualitativa de riscos. Contudo, o ideal é que tal análise seja realizada e, com isso, também seja possível tomar decisões em projetos ágeis de forma facilitada.

Retomando o papel de um PMO, para essa realidade, algumas instituições indicam um percentual mínimo para uma análise mais aprofundada sobre o risco. Na prática, certas organizações podem indicar que o enquadramento de um risco a determinada taxa pode levá-las a uma identificação mais apurada. Por exemplo, riscos classificados com incidência acima de

60% precisam ser analisados e monitorados minuciosamente por certo grupo de pessoas.

Uma análise quantitativa visa realizar um cálculo do real impacto de um risco no projeto. Essa não é uma tarefa fácil, mas é muito importante, pois expõe dados numéricos sobre os riscos de maior impacto no projeto.

É necessário compreender qual seria a perda financeira se determinado evento de risco acontecesse ou, ainda, pelo prisma do cronograma, qual seria o atraso ao projeto se um risco realmente se confirmasse. Esse tipo de análise permite apresentar o risco com maior incidência de dano, facilitando a tomada de decisão. Um exemplo prático pode ser observado quando existem dois eventos de riscos com o mesmo percentual de incidência em uma análise qualitativa. Contudo, sob o viés quantitativo, um risco tem potencial de comprometer um projeto por uma semana, se observado pela ótica de cronograma, ao passo que outro evento de risco pode apresentar um potencial de dano de três semanas. Dessa forma, é mais adequado priorizar riscos de tomar decisões no ambiente ágil.

A utilização de registros dos riscos é importante para o andamento das atividades, somada a outro documento extremamente útil para a conclusão de todas as atividades e do projeto em si. A existência de um registro de lições aprendidas é vital para que o projeto seja finalizado apropriadamente, lançando bases de consulta para projetos futuros.

O término de um *sprint* ou até mesmo do projeto corresponde a um momento que precisa de validação documental quanto ao nível de satisfação do cliente no atinente ao escopo do projeto desenvolvido. Nesse sentido, a comunicação é fundamental para projetos internos. Já para projetos nos quais existe a ação de empresas ou de pessoas externas, é importante verificar os contratos ou os acordos que sustentam a finalização das atividades.

Por sua vez, para os projetos na área de processos, caso haja a participação de empresas terceiras com a intenção de realizar determinada atividade, é necessária a averiguação da qualidade do que foi entregue, além da análise de custo, de cronograma e dos documentos que embasam a relação. A interação entre as organizações ao longo do projeto também deve ser levada em consideração e fazer parte de um registro maior.

Um documento que centraliza todo o andamento das atividades no projeto é o **registro de lições aprendidas**, que também deve ser realizado por todos os envolvidos. Ao final do projeto ligado a processos, é aconselhável averiguar o registro de todos os eventos relevantes e que podem servir de informação para a tomada de decisão futura. O atraso constante de um fornecedor, a falta de comunicação efetiva entre os envolvidos, a aprovação da atuação constante de um PMO ou, ainda, o sucesso na qualidade atingida devem ser registrados principalmente ao final do projeto.

Esse documento de lições aprendidas deve ser uma prática constante na organização, à qual cabe fomentar seu acesso em projetos posteriores. Assim, os colaboradores podem se valer dele para a tomada de decisão.

O término do projeto é um momento tão importante quanto seu início e demanda técnicas e práticas que auxiliem a equipe e seus envolvidos. Nessa perspectiva, mesmo em projetos ágeis, a consideração de contratos para envolvidos externos e a utilização de um repositório de informações relevantes ao longo do projeto são práticas que devem ser utilizadas no ambiente organizacional.

Anteriormente, apresentamos o Manifesto Ágil e, conforme indicado nele, é importante ter atenção ao cliente e, em um segundo momento, aos contratos e termos burocráticos. Quando se apresenta a importância de um documental como o de lições aprendidas, pretende-se enfatizar a necessidade da utilização de um registro mínimo que auxilie em projetos futuros. A respeito dos projetos ligados à área de processos, é comum verificar um grande esforço e conhecimento aplicado no projeto e que tende a se perder por falta de registro na organização.

Por isso, é vital aplicar o bom senso em relação a decisões nesse complexo ambiente ágil nas empresas. A observação do bom senso em cada organização dará mais aderência a técnicas e práticas sugeridas no mercado e que não aumentem a burocracia e a ineficiência em projetos.

A aplicação do registro de lições aprendidas em atividades falhas no projeto potencializa a tomada de decisão em projetos posteriores e auxilia na criação de um ambiente mais seguro e linear entre os participantes (PMI, 2017a). Assim, a justificativa para ações realizadas e seu resultado podem servir de base para outros projetos.

Revisão

O gerenciamento de projetos pode ser utilizado como ferramenta aplicada à área de processos organizacionais. Existem muitos benefícios na utilização conjunta desses conceitos. Para isso, é importante promover a articulação entre eles e a observação de todas as suas possibilidades.

Com a intenção de que a gestão de projetos ágeis não careça de informações, é preciso atentar para os indicadores de desempenho, que se propõem a apresentar de forma permanente a realidade observada. A seleção de indicadores que revelam os pontos que precisam de atenção é importante e facilita a atuação e a conclusão de um projeto.

Assim, para que as ações de projetos sejam realizadas na área de processos organizacionais, faz-se necessária uma verificação dos riscos que atuam no projeto, bem como a atenção à comunicação. O aperfeiçoamento de práticas e técnicas relativas à comunicação otimiza o progresso das atividades do projeto.

A melhoria de processos é uma constante no ambiente organizacional, pois em diversas realidades existem pontos de melhoria em algum fluxo. Por isso, a utilização de projetos pode atuar, principalmente, na sincronização de atividades em prol do resultado otimizado. Sobre a temática de melhoria de processos, bem como a atuação de projetos, apresentamos a seguir algumas questões para sua revisão e para a consolidação do conteúdo apreendido.

1. As empresas podem se valer tanto de processos quanto de projetos para sua melhor organização diária. Ambos podem conferir dinamismo, elevar a competitividade e aumentar a rentabilidade da empresa no mercado atual. Sobre projetos e processos nas organizações, verifique as opções a seguir:
    I. Os processos são repetitivos e contínuos.
    II. Os processos são únicos e temporários.
    III. Os projetos e processos são realizados por recursos limitados na organização.
    IV. Os projetos são repetitivos e contínuos.

A seguir, assinale a alternativa que apresenta as opções corretas:

a. I e III.
b. I, III e IV.
c. III e IV.
d. II, III e IV.

2. O gerenciamento das comunicações é fator determinante para alcançar o sucesso nos projetos. Trata-se de uma das mais importantes ferramentas utilizadas pelo gerente de projetos e pela equipe. Assim, é necessário conhecer e aplicar importantes práticas sobre comunicação não apenas para os projetos, mas para todo o ambiente organizacional. A respeito da comunicação em projetos, analise as proposições a seguir:

I. A utilização da linguagem verbal leva em consideração também uma correta grafia para o entendimento da mensagem.
II. A utilização da linguagem não verbal é fator importante para o completo entendimento da mensagem emitida.
III. A percepção da linguagem não verbal não é fator importante para o entendimento da mensagem.
IV. A comunicação paralinguística utiliza-se das diferentes entonações da voz para facilitar o processo de entendimento da mensagem.

A seguir, assinale a alternativa que apresenta as opções corretas:

a. I, II e III.
b. I, III e IV.
c. I e III.
d. I, II e IV.

3. As barreiras da comunicação são elementos que prejudicam e distorcem o processo de comunicação. Elas dificultam e, até mesmo, bloqueiam o perfeito entendimento entre os indivíduos. Dessa

forma, são um problema no processo de comunicação e devem ser tratadas para não comprometerem o sucesso de um projeto ou algum âmbito organizacional. A esse respeito, analise as assertivas a seguir, assinalando V para as verdadeiras e F para as falsas.

( ) As barreiras comportamentais estão ligadas à desconfiança entre as partes envolvidas no processo de comunicação.

( ) A utilização de uma comunicação escrita, objetiva e clara pode facilitar o entendimento do receptor, reduzindo a barreira de comunicação.

( ) O excesso de regras desnecessárias, procedimentos ou padrões que dificultam o andamento correto do desenvolvimento das atividades é considerado uma barreira organizacional ou técnica.

( ) O despreparo na utilização da comunicação, tanto na oralidade quanto na escrita, ou a utilização de linguagem técnica não familiar ao receptor é uma barreira de conhecimento.

A seguir, assinale a alternativa que apresenta a sequência correta de preenchimento dos parênteses:

a. V, F, V, V.
b. F, V, V, V.
c. V, V, V, V.
d. V, F, V, F.

4. O mapeamento de processos constitui uma ação importante para a instituição. Ele pode se valer de projetos para a realização de uma ação que potencializa os resultados organizacionais. Tomando como base o exposto, assinale a opção que melhor define a expressão *mapeamento de projetos*:

a. Organização de atividades com fim determinado.
b. Utilização de técnicas que ilustra os processos de uma instituição.
c. *Framework* de trabalho em projetos.
d. Atividade realizada pelo *Scrum Master*.

5. O Diagrama de Stacey apresenta uma organização que facilita o entendimento de determinado cenário. Ele se utiliza de uma relação entre níveis de concordância e certeza sobre um projeto, empresa ou qualquer outro ambiente a ser analisado. Nesse sentido, como pode ser enquadrado um projeto com grande nível de certeza sobre seu escopo, mas com grande discordância sobre como será realizado?
   a. Simples.
   b. Complicado.
   c. Complexo.
   d. Caótico.

considerações finais

Nesta obra, estabelecemos relações entre o gerenciamento de projetos ágeis e a área de processos. De forma geral, percebemos que há muita possibilidade de ganho de aplicação para algumas práticas de gerenciamento ágil de projetos no campo de processos organizacionais.

Diversas instituições percebem que a melhoria dos processos internos tem extrema importância, aliada à análise da estratégia adotada. Nesse sentido, uma organização deve estar alinhada com o modelo de desenvolvimento escolhido.

Isso significa que tanto os processos organizacionais quanto o gerenciamento de projetos devem estar alinhados também a essa perspectiva. Sob essa ótica, ao longo deste livro, propusemos algumas aproximações entre projetos e processos. Todavia, deve estar claro que ambos devem ser visualizados em uma esfera maior no âmbito da estratégia organizacional. A melhoria dos processos pode se valer de diversas técnicas e práticas. Aqui, porém, vale fazermos uma ressalva, nem todas poderão ser aplicadas a determinados ambientes.

Dessa forma, procuramos fornecer subsídios para o início dos trabalhos em diferentes organizações. Todo o conteúdo apresentado neste estudo, agora, precisa ser aplicado.

Certamente, o campo de atuação compreendido nesta obra passa pelo gerenciamento de processos. No entanto, outras áreas de uma empresa também podem se valer das técnicas, práticas e exemplos aqui apresentados, para sua otimização de resultado. O êxito na condução dos projetos será possível se for efetivamente considerado todo o arcabouço teórico apresentado.

Nessa perspectiva, a atenção ao gerenciamento de custo, tempo, aquisições e escopo, entre diversos outros fatores, faz-se necessária. Em adição, é válido analisar plenamente os interessados no projeto; isso aliado à obtenção de alguns documentos, como o termo de abertura e, ao final, um documento de lições aprendidas. Nesse quesito, nossa intenção foi apresentar os benefícios, os conceitos e as particularidades do gerenciamento de projetos.

Entendemos que esta obra cumpriu a função de aproximar duas áreas tão importantes: os gerenciamentos de projetos e de processos. Nas instituições, deve haver diálogo entre essas duas áreas para potencializar os resultados.

Mais especificamente sobre o gerenciamento ágil de projetos, é possível entendê-lo como um agrupamento de práticas importantes, como o aumento do diálogo entre todos os envolvidos, a utilização de premissas contidas no Manifesto Ágil, bem como de técnicas que levam em consideração a complexidade das organizações contemporâneas. Tais variáveis contribuem para a melhoria de processos.

O entendimento de que os processos podem aumentar os ganhos das organizações passa pela adoção do conceito de melhoria contínua. Portanto, a aproximação entre o gerenciamento de projetos ágeis e os processos organizacionais deve ser proposta em conjunto.

Como síntese de tudo o que foi abordado nesta obra, é importante levar em consideração a comunicação efetiva e todos os conceitos que envolvem essa temática. As barreiras de comunicação não devem ser relativizadas, e a troca de informações eficiente entre todos os alocados aos trabalhos no ambiente organizacional deve ser priorizada. Em projetos de melhoria de processos, a atenção para a comunicação é vital, pois ela que permite alcançar os resultados almejados.

lista de siglas

Afitep	Association Francophone de Management de Projet
APM	Association for Project Management
BPMN	*Business Process Model and Notation*
DoD	*Definition of done* (definição de pronto)
DSDM	*Dynamic System Development Method* (metodologia de desenvolvimento de sistemas dinâmicos)
EAP	Estrutura analítica do projeto
FDD	*Feature Driven-Development* (desenvolvimento dirigido por funcionalidades)
HCMBOK	*Human Change Management Body of Knowledge*
KPI	*Key Performance Indicators*
MVP	*Minimum Viable Product* (produto mínimo viável)
Nasa	National Aeronautics and Space Administration
ONG	Organização não governamental
Pert	Program Evaluation and Review Technique
PMBOK	Project Management Body of Knowledge
PMI	Project Management Institute

PMO	Project Management Office
PMP	*Project Management Professional*
Sipat	Semana Interna de Prevenção de Acidentes do Trabalho
TIR	Taxa interna de retorno
V.U.C.A.	*Volatility* (volatilidade), *uncertainty* (incerteza), *complexity* (complexidade) e *ambiguity* (ambiguidade)
VPL	Valor presente líquido
XP	*Extreme Programming* (programação extrema)

referências

ANDERSON, D. J. **Kanban**: mudança evolucionária de sucesso para seu negócio de tecnologia. São Paulo: Blue Hole Press, 2011.

BECK, K. **Programação extrema (XP) explicada**: acolha as mudanças. Porto Alegre: Bookman, 2004.

BARCAUI, A. **PMO**: escritórios de projetos, programas e portfólio na prática. Rio de Janeiro: Brasport. 2012.

BATCHELOR, M. **Segredos de gerenciamento de projetos**. São Paulo: Fundamento, 2013.

CAMARGO, M. R. **Gerenciamento de projetos**: fundamentos e prática integrada. Rio de Janeiro: Elsevier, 2018.

CAMARGO, R.; RIBAS, T. **Gestão ágil de projetos**: as melhores soluções para suas necessidades. São Paulo: Saraiva Educação, 2019.

CARVALHO, M. M. et al. Barreiras da comunicação: e suas influências no desempenho de projeto. **Mundo Project Management**, Curitiba, v. 12, n. 67, fev/mar. 2016.

CHAVES, L. E. et al. **Gerenciamento da comunicação em projetos**. Rio de Janeiro: FGV, 2010.

CLEMENTS, J. P.; GIDO, J.; **Gestão de projetos**. São Paulo: Cengage Learning, 2014.

CODAS, M. M. B. Gerência de projetos: uma reflexão histórica. **RAE – Revista de Administração de Empresas**, Rio de Janeiro, n. 27, p. 33-37, 1987. Disponível em: <https://rae.fgv.br/sites/rae.fgv.br/files/artigos/10.1590_S0034-75901987000100012.pdf>. Acesso em: 23 fev. 2021.

CRUZ, F. **SCRUM e PMBOK unidos no gerenciamento de projetos**. Rio de Janeiro: Brasport, 2013.

CURY, A. **Organização e métodos**: uma visão holística. 8. ed. São Paulo: Atlas, 2007.

D'ASCENÇÃO, L. C. M. **Organização, sistemas e métodos**: análise, redesenho e informatização de processos administrativos. São Paulo: Atlas, 2001.

DAVENPORT, T. H. **Reengenharia de processos**: como inovar na empresa através da tecnologia da informação. Rio de Janeiro: Campus, 1994.

DINSMORE, P. C. **Como se tornar um profissional em gerenciamento de projetos**: livro-base de preparação para certificação PMP. Rio de Janeiro: Qualitymark, 2005.

DINSMORE, P. C.; SILVEIRA NETO, F. H. **Gerenciamento de projetos**: como gerenciar seu projeto com qualidade, dentro do prazo e custo previsível. Rio de Janeiro: Qualitymark, 2010.

FREITAS, M. A. S.; **Fundamentos do gerenciamento de serviços de TI**: preparatório para a certificação ITIL. São Paulo: Brasport, 2010.

GASNIER, D. G. **Guia prático para gerenciamento de projetos**: manual de sobrevivência para os profissionais de projetos. 6. ed. São Paulo: Imam, 2012.

GONÇALVES, V.; CAMPOS, C. **O fator humano na liderança de projetos**: HCMBOK. Rio de Janeiro: Brasport, 2013.

HELDMAN, K. **Gerência de projetos**: guia para o exame oficial do PMI. São Paulo: Gen Atlas, 2017.

JAROCKI, T. L. **The Next Evolution**: Enhancing and Unifying Project and Change Management – the Emergence one Method for Total Project Success. Dallas: Brown & Williams Publishing, 2011.

KERZNER, H. **Gerenciamento de projetos**: uma abordagem sistêmica para planejamento, programação e controle. São Paulo: Blucher, 2015.

KURTZ, C. F.; SNOWDEN, D. J. The New Dynamics of Strategy: Sense-Making in a Complex and Complicated World. **IBM System Journal**, v. 42, n. 3, 2003. Disponível em: <http://alumni.media.mit.edu/~brooks/storybiz/kurtz.pdf>. Acesso em: 23 fev. 2021.

LIMA, S. M. V.; BRESSAN, C. L. Mudança organizacional: uma introdução. In: LIMA, S. M. V. **Mudança organizacional:** teoria e gestão. Rio de Janeiro: FGV, 2003. p. 17-63.

MANIFESTO para Desenvolvimento Ágil de Software. Disponível em: <http://agile manifesto.org/iso/ptbr/manifesto.html>. Acesso em: 23 fev. 2021.

MASSARI, V. **Gerenciamento ágil de projetos**. Rio de Janeiro: Brasport, 2018.

MESQUITA, R. M. Comunicação não verbal: relevância na atuação profissional. **Revista Paulista de Educação Física**, São Paulo, v. 11, n. 2, p. 155-163, jul/dez. 1997. Disponível em: <https://www.revistas.usp.br/rpef/article/view/138567/133974>. Acesso em: 23 fev. 2021.

PAVANI JUNIOR, O.; SCUCUGLIA, R. **Mapeamento e gestão de processos**: BPM (*Business Process Management*). São Paulo: M. Books, 2010.

PMI – Project Management Institute. **A Guide to the Project Management Body of Knowledge (PMBOK Guide)**. 6. ed. Newtown Square: PMI, 2017a.

PMI – Project Management Institute. **1969-2019 PMI 50**: Fifty Years of the Project. Newtown Square: PMI, 2019.

PMI – Project Management Institute. **Guia ágil**. Newtown Square: PMI, 2017b.

PRINCÍPIOS por trás do Manifesto Ágil. Disponível em: <http://agilemanifesto.org/iso/ptbr/principles.html>. Acesso em: 23 fev. 2021.

RIBEIRO, R. D.; RIBEIRO, H. C. S. **Gerenciamento de projetos com métodos ágeis**. Rio de Janeiro: [s.n.], 2015. Disponível em: <https://rafaeldiasribeiro.com.br/downloads/livros/livro_metodosageis.pdf>. Acesso em: 23 fev. 2021.

RIES, E. **A startup enxuta**. São Paulo: Leya, 2012.

VARGAS, R. V. **Gerenciamento de projetos**: estabelecendo diferenciais competitivos. Rio de Janeiro: Brasport, 2018.

respostas

Capítulo 1

1. b

    Comentário: Esta é a definição clássica de projetos, que correspondem à organização de recursos coordenados para a criação de algo. Esses trabalhos são regidos por questões limitantes de tempo, custo, qualidade e devem ser concluídos com a entrega do resultado.

2. d

    Comentário: O gerente do projeto é a principal figura responsável pelo planejamento, sendo determinante para seu êxito ou insucesso.

3. b

    Comentário: O gerente de projetos precisa demonstrar habilidades de organização e comunicação, sendo esta última sua principal ferramenta de trabalho a ser amplamente utilizada.

4. b
5. a

Capítulo 2

1. a
2. c

   Comentário: O *Scrum Master* é um papel importante no projeto e atua como um grande facilitador, cabendo a ele retirar os impeditivos de determinada atividade.

3. a
4. d
5. c

   Comentário: O Kanban pode ser aplicado como uma ferramenta para o controle de escopo do projeto, pois auxilia na visualização dos trabalhos relacionados ao projeto e a seu estado atual.

Capítulo 3

1. a

   Comentário. De forma geral, tanto os projetos quanto os processos são realizados por recursos limitados nas empresas. Em seu conceito central, os projetos são eventos únicos e temporários, ou seja, possuem fim determinado. Já os processos podem ser considerados repetitivos e contínuos, pois existem enquanto a empresa também existir.

2. d

   Comentário: A atenção à linguagem não verbal é importante e atua como indicativo para que o processo de comunicação aconteça.

3. c
4. b

   Comentário: Por meio do mapeamento de processos, é possível visualizar, entender e propor melhorias a uma gama de fluxos de atividades de uma organização.

5. c

   Comentário: Um projeto que apresenta grande certeza sobre seu escopo mas muita discordância sobre como ele será realizado na prática é enquadrado como projeto complexo.

sobre o autor

Sandro Fabiano da Luz é mestre em Ciência, Gestão e Tecnologia da Informação pela Universidade Federal do Paraná (UFPR), especialista em Gestão de Tecnologia da Informação pela Universidade Positivo (UP), MBA em Finanças e Controladoria pela Universidade de São Paulo (USP) e graduado em Ciências Econômicas pela FAE Business School. Possui certificação Project Management Professional (PMP) e é professor do Centro Universitário Internacional Uninter. Tem mais de 20 anos de experiência na área financeira e no gerenciamento de projetos em diversas instituições.

Os papéis utilizados neste livro, certificados por instituições ambientais competentes, são recicláveis, provenientes de fontes renováveis e, portanto, um meio **responsável** e natural de informação e conhecimento.

FSC
www.fsc.org
MISTO
Papel produzido a partir de fontes responsáveis
FSC® C103535

Impressão: Reproset
Fevereiro/2023